Stefan Schweizer

Pädagogik heute – Erziehungswissenschaft im Wandel

Schweizer, Stefan

Pädagogik heute – Erziehungswissenschaft im Wandel

ISBN: 978-3-941482-73-9

Auflage: 1
Erscheinungsjahr: 2010
Erscheinungsort: Bremen, Deutschland

© Europäischer Hochschulverlag GmbH & Co KG, Fahrenheitstr. 1, 28359 Bremen (www.eh-verlag.de). Alle Rechte beim Verlag und bei den jeweiligen Lizenzgebern.

Schweizer, Stefan

Pädagogik heute – Erziehungswissenschaft im Wandel

Meinen Schwiegereltern in Dankbarkeit

Inhalt

I. Pädagogik heute – Erziehungswissenschaft im Wandel   1

II. Didaktik der Aufklärung in der Anthropologie zur
    pädagogischen Moralerziehung auf Gymnasien   4

III. Der pädagogische Wert von Märchen   30

IV. Konstruktivistische Pädagogik und ihre
    ideengeschichtliche Fundierung im Deutschen Idealismus 46

V. Anhang   75

I. Pädagogik heute – Erziehungswissenschaft im Wandel

Pädagogik – Quo vadis? Wohin entwickelt sich die Pädagogik und welche Tendenzen sind zu erkennen?

Die einzige Konstante ist der Wandel. Dies gilt auch für die Erziehungswissenschaft und Pädagogik. Pädagogik meint fachübergreifend die Kunst der Erziehung. Im schulischen Kontext bedarf die Pädagogik der Ergänzung durch fachdidaktische Komponenten. Fachdidaktik zielt darauf ab, wie der Lehrer[1] fachspezifische Inhalte möglichst gut unterrichten kann, sodass die Schüler einen hohen Gewinn aus dem Unterricht zu ziehen in der Lage sind.

Beschäftigt man sich mit einer wissenschaftlichen Disziplin wie der Pädagogik, dann stellt sich immer die Frage, wozu man dies tut. Offensichtlich ist man dann beim Verwertungszusammenhang des wissenschaftlichen Arbeitens angekommen. Diese Frage lässt sich bei der Pädagogik leicht beantworten. Junge Menschen sollen so erzogen werden, dass sie als selbstständige Individuen in der Gesellschaft leben und diese mitgestalten können. Ein weiteres Stichwort ist das vom mündigen Bürger, der um seine partizipativen Rechte weiß und der auf der Grundlage der freiheitlich-demokratischen Grundordnung steht. Allerdings wandeln sich die gesellschaftspolitischen Anforderungen ständig, denen die Jugendlichen und Heranwachsenden unterworfen sind, auch wenn es einige Grundkonstanten wie die demokratische Orientierung gibt. Die Gesellschaft ist durch ständige Veränderungen geprägt.

Historisch und wissenschaftsgeschichtlich betrachtet kann die Pädagogik auf eine lange Tradition zurückblicken. Bereits vor Sokrates und Platon gab es zentrale pädagogische Ansätze und Verfahrensweisen, auch wenn diese damals noch unter anderen Etiketten firmierten. Comenius und der Nürnberger Trichter dürften heute sogar Laien bekannt sein. Unser Bild von der Pädagogik wird nach wie vor entscheidend von der Epoche der Aufklärung geprägt. Stellvertretend seien hier die Namen Kant, Rousseau und Pestalozzi genannt. Humboldt prägt bis heute die

---

[1] Der besseren Lesbarkeit halber wird nur die männliche Form verwendet. Selbstverständlich ist zugleich immer die weibliche Form impliziert.

Struktur unserer gymnasialen Erziehung. Sein humanistischer Erziehungsansatz gilt immer noch vielen als die Idealform – auch wenn hinsichtlich einer Passung mit gesellschaftspolitischen Desideraten Zweifel angebracht sein dürften.

Studiert man die Geschichte der Pädagogik genauer, dann kommt man nicht umhin festzustellen, dass pädagogisches Wissen in bestimmten Zyklen wiederkehrt. Das heißt nicht, dass die Pädagogik keinerlei Fortschritte macht. Gewisse Grundtendenzen und Muster lassen sich aber immer wieder identifizieren. Um ein Beispiel aus der jüngsten Vergangenheit zu nehmen: War der Frontalunterricht bis vor kurzem als unsäglich verschrien, so mehren sich nun die Stimmen, welche einem gut gehaltenen Frontalunterricht ein hohes Maß an Unterrichtserfolg attestieren.

Inzwischen ist es en vogue, Erkenntnisse durch den Verweis auf eine empirische Absicherung als unumstößlich, objektiv und gesichert zu präsentieren. So verwundert es nicht, dass die empirische Unterrichtsforschung Konjunktur hat und die Lehrstuhllandschaft und Vergabe von Forschungsmitteln entscheidend prägt. Allerdings kann man hier kritisch hinterfragen, ob sich Methoden aus den Naturwissenschaften einfach auf einen völlig anderen Forschungsgegenstand transferieren lassen. Sicherlich wird man in einigen Jahren wieder zu einer stärker Theorie geleiteten Forschung in der Pädagogik zurückkehren.

Die Bildungslandschaft befindet sich momentan in einem rasanten Umbruch. Schulen erhalten mehr Autonomie und dürfen sich eigene Profile geben. Operativ eigenständige Schulen müssen mehr Verantwortung übernehmen, besitzen aber im Gegenzug mehr Freiraum. Bildungspläne werden entrümpelt und Lehrer besitzen ein nie dagewesenes Maß an Freiheit. Im Idealfall kann ein Gymnasiallehrer ein Drittel seiner Unterrichtszeit gemäß seinen Vorstellungen und dem Schulprofil gestalten. Häufig stellt man jedoch ein Festhalten an alten Praktiken fest, meistens mit dem Hinweis versehen, dass die neue Freiheit gar keine wirkliche sei. Also nur alter Wein in neuen Schläuchen?

Ob der eingeschlagene Weg der richtige ist, wird sich noch zeigen. Allerdings stellt er den Beginn einer Deregulierung und Verschlankung des administrativen Schulkomplexes dar. Ein weiteres Zeichen für den Rückzug des Staates sind die anhaltenden Diskussionen um die Aufgabe von Staatsexamensstudiengängen. Soll der Staat hier sein Prüfungsmonopol aufgeben? In einigen Bereichen ist dies bereits geschehen. Manche angehende Berufsschullehrer des Höheren Dienstes beschließen inzwischen ihr Studium mit einem Master-Abschluss, dessen Vergabe alleine in den Händen der Hochschulen liegt. Welche Chancen und Gefahren in dieser Praxis liegen wird erst die Zukunft zeigen.

Was bedeuten die neuen Ansätze für den Schüler? In der Summe hat eine Verschiebung von der Input- zur Outputorientierung stattgefunden. Es ist nun nicht mehr wichtig, dass der Lehrer den Bildungsplan vollständig unterrichtet. Inhalte treten beinahe in den Hintergrund. Von entscheidender Bedeutung ist es, was der Schüler aus dem Unterricht mitnehmen kann.

In diesem Zusammenhang fällt häufig das Modewort der Kompetenzen. Die Kompetenzorientierung signalisiert, dass neben Inhaltlichem auch Aspekte wie Soziales, Methodik und Kommunikation eine wichtige Rolle spielen. Wissen veraltet in einer modernen Gesellschaft sehr schnell. Also sollen Schüler v.a. methodisch in die Lage gesetzt werden, sich Wissen anzueignen. Sozial- und Kommunikationskompetenzen spielen für Arbeitgeber aber auch für ein konstruktives gesellschaftliches Zusammenleben eine entscheidende Rolle. Allerdings gibt es bereits jetzt eindringliche Stimmen, die anmahnen, dass das Inhaltliche im Schulalltag wieder eine stärkere Rolle spielen soll.

Pädagogik – Quo vadis? Diese Frage lässt sich – das sollte durch die obigen Ausführungen deutlich geworden sein – nicht wirklich beantworten. Sicher scheint, dass die Pädagogik versuchen wird, der gesellschaftlichen Dynamik und neuen wissenschaftlichen Erkenntnissen gerecht zu werden.

Stuttgart, 3. März 2010   Stefan Schweizer

II. Didaktik der Aufklärung in der Anthropologie zur pädagogischen Moralerziehung auf Gymnasien

Zuerst erschienen in: In: Goethezeitportal (8/08). München 2008, S. 1-18 (URL: http://www.goethezeitportal.de/fileadmin/PDF/db/wiss/epoche/schweizer_didaktik_der_aufklaerung.pdf)

Summary: The essay analyses anthropological textbooks on the verge of enlightnment and early romanticism for students. It is shown that under the influence of Immanuel Kant and sociopolitical impacts of the enlightnment, moral and ethical values are transported as pedagogical aims within anthropological contents. The didactic means are to use the relatively hard and empirical science of anthropology for the development of individual and social values.

1. Einleitung

Den folgenden Aufsatz bestimmen drei Referenzpunkte. Zeitlich beschäftigt sich der Aufsatz mit dem Übergang der Aufklärung zur Frühromantik. Er analysiert ein Lehrbuch von 1800 und eines von 1805. Die zeitliche Hybridstellung kontrastiert mit der hauptsächlichen inhaltlichen Ausrichtung der Schulbücher zur Aufklärung hin. Die Lehrbücher beschäftigen sich mit der Disziplin der Anthropologie. Sowohl in der Aufklärung[2] als auch der Romantik[3] profiliert sich die Anthropologie im wissenschaftlichen Disziplinengefüge, zugleich ist die Disziplin aber noch jung. Die meisten damaligen Monographien zur Anthropologie waren für den universitären Diskurs bestimmt. Unter diesen Vorzeichen scheint es ein lohnenswertes Unterfangen für den Schulunterricht an Gymnasien konzipierte Lehrbücher einer inhaltlichen und formalen Analyse zu unterziehen. Der Aspekt pädagogischer Zielsetzung, die mit der

---

[2] Vgl. hierzu den Tagungsband: Hans-Jürgen Schings (Hrsg.): Der ganze Mensch: Anthropologie und Literatur im 18. Jahrhundert. DFG-Symposium 1992. Stuttgart 1994.
[3] Vgl. hierzu Pia-Johanna Schweizer/Stefan Schweizer: Lebensaltertheorien in der Anthropologie zur Zeit der Romantik. In: Berichte zur Wissenschaftsgeschichte 29 (4?), S. .

Etablierung der Anthropologie im Schulunterricht erreicht werden sollte, rückt in den Vordergrund. In diesem Zusammenhang gilt es zudem die didaktische „Verpackung" der pädagogischen Inhalte zu durchleuchten. Brisanz erhält die Themenstellung durch die Tatsache, dass die Anthropologie eine relativ junge und alles andere als fest etablierte Disziplin war. Es stellt sich die Frage, wie in der Wissenschaft noch nicht als gepflegte Semantik[4] bzw. Paradigma[5] gesicherte Inhalte im Schulunterricht vermittelt werden. Die Forschungsleitfragen des Aufsatzes lauten demnach wie folgt:

❖ Welche Inhalte der Sammel- und Schnittmengendisziplin Anthropologie behandeln die Lehrwerke?

❖ Wie wird die Diskussion um die Inhalte der Anthropologie von pädagogisch-didaktischen Strategien flankiert?

❖ Was für ein Interaktionsverhältnis entsteht aus dem Verhältnis von Form, also einem Lehrbuch für die Schule bzw. das Gymnasium, und dem Inhalt, also der Disziplin der Anthropologie?

❖ Welche Lehren sollen die Schüler durch die Anthropologie erhalten und inwiefern konvergieren diese mit den Zielen der Aufklärung und der Philosophie Immanuel Kants?

Um diese Forschungsfragen einlösen zu können, ist ein mehrstufiges Vorgehen erforderlich. Nach der Darlegung der soziopolitischen Implikate der Aufklärung, der basalen Theorie von Kant und dem Erziehungssystem im 18. Jahrhundert erfolgt eine Detailanalyse der anthropologischen Schulbücher für das Gymnasium. Dabei wird die Interaktion von Didaktik, Pädagogik und Anthropologie fokussiert. In einem letzten Schritt wird Fazit gezogen.

---

[4] Zum Begriff der „gepflegten Semantik" bei Luhmann vgl.: Niklas Luhmann: Gesellschaftsstruktur und Semantik. Studien zur Wissenssoziologie der modernen Gesellschaft. Band 1. 2. Auflage. Frankfurt am Main. 1998, S. 19 und Mirjam-Kerstin Holl: Semantik und soziales Gedächtnis. Die Systemtheorie Niklas Luhmanns und die Gedächtnistheorie von Aleida und Jan Assmann. Würzburg 2003, S. 60.

[5] Paradigma bezeichnet unter anderem das Vorverständnis eines wissenschaftlichen Gegenstands. Vgl. Armin Nassehi: Paradigma. In: Peter Prechtl, Franz-Peter Burkhard (Hrsg.): Metzler-Philosophie-Lexikon. Begriffe und Definitionen. 2., erweiterte und aktualisierte Auflage, S. 427.

2. Soziopolitische Entwicklung der Aufklärung

Dieses Kapitel zählt einige der wichtigsten Entwicklungsmerkmale der Epoche der Aufklärung auf. Dabei handelt es sich um Entwicklungen und Tendenzen aus dem gesellschaftlichen, ökonomischen, pädagogischen und politischen System. Die folgenden Ausführungen sollen die pädagogisch-didaktischen Lehrbücher an der Schnittstelle von Aufklärung und Frühromantik einordnen helfen. Es ist ein zentrales Merkmal der Aufklärung, dass sie nach der Lebenssituation des Menschen in seiner vorgefundenen Umwelt fragt.[6] Die DDR-Geschichtsschreibung betont den antifeudalen und antireligiösen Charakter der Aufklärung.[7] Abstrakt kann man den Vorgang sozialer Differenzierung im 18. Jahrhundert auf die Formel des Übergangs von stratifikatorischer (ständischer) Schichtung zu funktionaler Differenzierung beschreiben.[8] Was Aufklärung oder Fortschritt heißt, löst die alten Ordnungen radikal auf.[9] In der Aufklärung gab es eine Steigerung der Rationalität, Organisation und Verwissenschaftlichung. Zudem ersetzte die Rechtsgleichheit ständisch-korporative Herrschaftsbeziehungen. Individualisierung und Rollentrennung sind Folgen der funktionalen Differenzierung, welche das Individuum betreffen. Die räumliche, soziale, kulturelle und psychische Mobilität erhöhte sich. Durch die Einbeziehung der Wissenschaften konnte in der Landwirtschaft die Umstellung von der Subsistenzwirtschaft zur kommerziellen Produktion (landwirtschaftlicher Güter) erfolgen. Es war die soziale Differenzierung im 18. Jahrhundert, welche die Entwicklung des bürgerlichen Individuums ermöglichte. Als Wegbereiter gelten der Pietismus, die Säkularisierung der politischen Ordnung und die rechtliche Emanzipation. Produktive Arbeit verbindet sich über den Geldmechanismus mit der Wirtschaft, Fähigkeiten und Persönlichkeitsaspekte sind zunehmend im ökonomischen Prozess von Bedeutung. Arbeitstei-

---

[6] Gerhard Kaiser: Aufklärung, Empfindsamkeit, Sturm und Drang. 25. Auflage. Tübingen 1996, S. 18.
[7] Vgl. Aufklärung. Erläuterungen zur deutschen Literatur. Herausgegeben vom Kollektiv für Literaturgeschichte. 6. Auflage. Berlin 1977, S. 21 f.
[8] Vgl. zu den folgenden Ausführungen Siegfried J. Schmidt: Die Selbstorganisation des Sozialsystems Literatur im 18. Jahrhundert. Frankfurt am Main 1989, S. 65-198.
[9] Niklas Luhmann: Die Gesellschaft der Gesellschaft. Band 2. Frankfurt am Main 1997, S. 734.

lung bedingt die Entwicklung sozialer Rollen und die Unterscheidung zwischen Rolle und Person. In der durch soziale Rollen organisierten Gesellschaft kann jeder Bürger Zugang zu allen gesellschaftlichen Funktionen erhalten. Unter dem Gleichheitspostulat wird die allgemeine Rechts- und Geschäftsfähigkeit unter der Aufhebung ständischer Schranken, die Demokratisierung des politischen Lebens, die Realisierung der allgemeinen Schulpflicht und die vollständige Monetarisierung der Wirtschaft subsumiert. Die kapitalistische Konkurrenzfreiheit bildet das ideologische Fundament des neuen Individualismus. Kapitalismus strebt nach monetärem Gewinn und basiert auf freier Arbeit. Zudem setzte sich im 18. Jahrhundert der Entwicklungsgedanke durch. Die menschliche Natur gilt als unbestimmt, Akte determinierender Negation sollen diese aufheben. In der Transzendentalphilosophie erreicht die theoretische Konzeptualisierung des Menschen ihren Kulminationspunkt. Zeit spielte als individuelle und gesellschaftliche Komponente eine zentrale Rolle. Damit einher geht z.B. der Aspekt der Leistungssteigerung in der Wirtschaft. Eigenmenschliches wird kultiviert, das Gefühl verabsolutiert. Mit der gesellschaftlichen Differenzierung und dem damit verbundenen Risiko gestiegener Selektionszwänge steigen die Risiken für das Individuum. Als perfektibles Wesen geriert der Mensch zur letzten Legitimationsbasis seiner selbst. Freundschaft bildet ein wesentliches Konzept zur Selbstverwirklichung des Individuums. Durch die Verfügung über Privateigentum und die Teilnahme am Tauschverkehr realisiert sich die Autonomie der Privatleute in der Familie. Merkmale der Familie sind der freie Einzelne, dauerhafte Liebesbeziehungen und die zweckfreie Entfaltung aller Fähigkeiten der Familienmitglieder. Liebe und Sexualität besitzen gesellschaftliche Relevanz, werden jedoch nicht zuletzt auf Grund von Krankheiten und anderen Problemen als problematisch verstanden. Zweck der in der politischen Ordnung frei gegebenen Wirtschaftsordnung sind die Entwicklung von Kultur und Wohlstand. Dies bedingt zugleich die Idee der gesellschaftlichen Evolution in der bürgerlichen Gesellschaft. Bildung und Kultur können die Wildheit des Einzelmenschen zu Gunsten der Menschheit bändigen.[10] Staat und Ge-

---

[10] Käthe Meyer-Drawe: Kulturwissenschaftliche Pädagogik. In: Friedrich Jaeger/Jürgen Straub (Hrsg.): Handbuch der Kulturwissenschaften. Paradigmen und Disziplinen. Band 2., Stuttgart 2004, S. 605.

sellschaft sind noch nicht vollständig voneinander getrennt, befinden sich aber im Trennungsprozess. Zentral ist, dass sich der so skizzierte gesellschaftliche Prozess auf der Basis der Vernunft[11] vollzog, welche zugleich einen Rechts- und Machtanspruch in der Öffentlichkeit anmeldete.[12] Entelechie, Individualität und vernunftgebundene Ethik sind die weiteren zentralen Stichwörter der Aufklärung. Die Gesellschaftstheorie der Aufklärung agiert zunehmend in strukturellen Dimensionen.[13]

3. Immanuel Kants ideengeschichtlicher Einfluss

Immanuel Kant stand bei der Konzeption der unten diskutierten Schulbücher Pate. Zur Verdeutlichung wird Kant als Repräsentant der ideengeschichtlichen Fundierung an der Schnittstelle von Aufklärung und Romanik rekonstruiert. Es geht Kant um den Versuch einer Erklärung des hinter dem Wahrnehmbaren Liegenden durch den (reinen) Verstand. Das Interesse der kantischen Vernunft mündet in den drei seine Philosophie bestimmenden Fragen, was man wissen könne, was man tun solle und was man hoffen dürfe. Dabei ist die erste Frage spekulativ, die zweite praktisch und die dritte praktisch und theoretisch zugleich.[14] Kant versuchte im Methodischen die Defizite des rein Empirischen und rein Analytischen aufzuheben, folglich geht er einen Mittelweg, in dem empirische und analytische Vorgehensweisen miteinander verbunden werden. Begriffe gehen immer dann über die empirische Erfahrung hinaus, wenn von Erkenntnis, überhaupt von Welt oder Wirklichkeit, von Sittlichkeit, Schönheit oder Geschichte gesprochen wird. Der Intellekt entwirft sich nach Kant ein Bild der Welt, die ihm als faktisch-real i.S.v. objektiv gegeben erscheint. Wir erkennen die Welt nicht, wie sie ist, son-

---

[11] Die historische Position der Aufklärung verlangt die vernunftmäßige Ausrichtung des Lebens. Niklas Luhmann (wie Anm. 3), S. 11.
[12] Eberhard Bahr: Aufklärung. In: Eberhard Bahr (Hrsg.): Geschichte der deutschen Literatur. Band 2: Von der Aufklärung bis zum Vormärz. Zweite Auflage. Tübingen 1998, S. 8.
[13] Niklas Luhmann: Gesellschaftsstruktur und Semantik. Studien zur Wissenssoziologie der modernen Gesellschaft. Band 2. Frankfurt am Main 1993, S. 27.
[14] Immanuel Kant: Kritik der reinen Vernunft. Nach der 1. und 2. Originalausgabe hrsg. Von Jens Timmermann. (Philosophische Bibliothek, 505) Sonderausgabe, Hamburg 2003 (zuerst 1998) Hamburg 2003, S. 839 (A 805/B 833).

dern die Welt erscheint uns so, wie wir sie erkennen. Es ist die „reine sinnliche Anschauung als Raum und Zeit, „welche Erkenntnis a priori, und zwar nur für Gegenstände der Sinne möglich machte."[15] Kant stellt fest, dass die Denkfunktion auf einer Aktivität beruht, deren Urheber das selbstbewusste Subjekt ist. Das Faktum entspringt der Tätigkeit der Subjektivität, so dass man sagen kann, es sei unsere Schöpfung.[16] Der Reiz der realen Dinge an sich wirkt als roher Stoff auf das Erkenntnisvermögen und die apriorischen Formen des Geistes und wird von diesem geformt. Die Funktion des Erkenntnisvermögens besteht im Nachweis der apriorischen Prinzipien des Begehrungsvermögens. A priori bedeutet eine universelle Anwendungsmöglichkeit sowie eine transzendentale Ebene der Sinneswahrnehmung. Wissenserwerb ist ein zusammengesetzter Vorgang und besteht nicht nur in der Kenntnis der sensuellen Eindrücke. Kant wendet sich im Spätwerk „Anthropologie in pragmatischer Hinsicht" den Fragen zu, was der Mensch ist und aus was er bestehe. Zwischen Anthropologie, Moral und Religion herrscht bei Kant ein enger Zusammenhang.[17] Die pragmatische Anthropologie als Lehre der Kenntnis vom Menschen umfasst die Frage, was der Mensch „als freihandelndes Wesen aus sich selber macht oder machen kann und soll."[18] Es ist das Bewusstsein seiner selbst, des Ichs, welches den Menschen zur Person macht und ihn über andere Lebewesen der Erde erhebt. Menschliche Merkmale sind die Sprache und der Verstand.[19] Der Verstand bezeichnet das Vermögen zu denken und durch Begriffe sich etwas vorzustellen und ist das obere Erkenntnisvermögen, welches mit dem unteren Erkenntnisvermögen, d.h. der Sinnlichkeit, kontrastiert. Erkenntnis- und

---

[15] Immanuel Kant: Kritik der praktischen Vernunft. Mit einer Einleitung, Sachanmerkungen und einer Bibliographie hrsg. Von Horst D. Brandt und Heiner F. Klemme (Philosophische Bibliothek, 506) Sonderausgabe, Hamburg 2003 (zuerst 2003), S. 58 (A 73).

[16] Manfred Frank: Einführung in die frühromantische Ästhetik. Vorlesungen. Frankfurt am Main 1989, S. 14.

[17] Guiseppe D'Alessandro: Der Moralmensch. Anthropologie und Kantianismus in der Theologie und der Moralphilosophie am Ende des 18. Jahrhunderts. In: Karl Eibl u.a. (Hrsg.): Aufklärung. Interdisziplinäres Jahrbuch zur Erforschung des 18. Jahrhunderst und seiner Wirkungsgeschichte. Band 14. Hamburg 2002, S. 97.

[18] Immanuel Kant: Anthropologie in pragmatischer Hinsicht. Hrsg. Von Reinhard Brandt. (Philosophische Bibliothek, 490) Hamburg 2000, S. 3.

[19] Immanuel Kant (wie Anm. 17), S. 9.

Begehrungsvermögen gehören zum menschlichen Gemüt.[20] Es ist dem Verstand zu eigen, dass er a priori konstitutive Erkenntnisvermögen impliziert.[21] Das Apriorische bei Kant ist subjektiviert, da a priori das subjektive Auffassungsvermögen ist, „sofern es dem Empirischen, dessen Inhalte weder notwendig noch universal sind, vorausgeht."[22] Im Bewusstsein entstandene Vorstellungen zeichnen sich durch Klarheit und Deutlichkeit aus. Dunkle Vorstellungen des Menschen gelten als Anklänge Kants an Fragen des Unterbewussten.[23] Die empirische Erkenntnis innerer und äußerer Gegenstände gibt nur die Erscheinungsform und nicht die Seinsform wider. Der Mensch besitzt fünf Sinne, den Tast-, Gehör-, Seh-, Geschmacks- und Geruchssinn. Der innere Sinn besteht nicht in der reinen Apperzeption, sondern in ihm liegt die innere Anschauung, d.h. das Verhältnis der Vorstellungen in der Zeit. Die Seele ist das Organ des inneren Sinnes. Seele kann das Subjekt als denkendes Ich oder die denkende Substanz als Prinzip des Lebens in der Materie bedeuten.[24] Einbildungskraft bezeichnet das Vermögen, ohne Gegenwart des Gegenstandes Anschauungen durchzuführen. Der Verstand des Menschen bezieht sich auf die Naturerkenntnis, seine Vernunft auf die Bestimmung des Begehrungsvermögens durch Freiheit.[25] Als wichtigste Revolution im Inneren des Menschen gilt dessen Ausgang aus der selbstverschuldeten Unmündigkeit. Natürliche Leidenschaften sind Freiheits- und Geschlechtsneigung, erworbene Leidenschaften sind Ehr-, Herrsch- und Habsucht.[26] Als heftigste Leidenschaft im Naturmenschen gilt die Freiheitsneigung. Der Charakter der Person konstituiert sich durch das Naturell und das Temperament.[27] Physiologisch gesehen bedeutet das Temperament die körperliche Konstitution und Komplexion. Die psycho-

---

[20] Immanuel Kant (wie Anm. 14), S. 14 (A 21).
[21] Immanuel Kant: Kritik der Urteilskraft (1790). Mit einer Einleitung und Bibliographie hrsg. Von Heiner F. Klemme. (Philosophische Bibliothek, 507) Sonderausgabe, Hamburg 2003 (zuerst 2001), S. 4 (B V).
[22] Jean Grondin: Kant zur Einführung. Erste Auflage. Hamburg 1994, S. 34.
[23] Michael Oberhausen: Dunkle Vorstellungen als Thema von Kants Anthropologie und A.G. Baumgartens Psychologie. In: Karl Eibl u.a. (Hrsg.) (wie Anm. 16), S. 124.
[24] Immanuel Kant (wie Anm. 13), S. 509 A 402 f.
[25] Heiner F. Klemme: Einleitung. In: Immanuel Kant (wie Anm. 20), S. XXXII.
[26] Immanuel Kant (wie Anm. 17), S. 190.
[27] Immanuel Kant (wie Anm. 17), S. 211.

logische Dimension des Temperaments ist die Seele als Gefühls- und Begehrungsvermögen. Der Begriff des Charakters ist vielschichtig. Er bezeichnet z.b. die (gute oder böse) Sinnesart eines Menschen. Die Physiognomik ist die Lehre aus der sichtbaren Gestalt des Menschen. Aus dem Äußeren des Menschen wird eine Beurteilung des Inneren möglich. Der Freiheitsbegriff ist der Schlussstein des Gebäudes der reinen, sogar spekulativen Vernunft.[28] Der Mensch ist Glied einer bürgerlichen Gesellschaft. Die bürgerliche Gesetzgebung bestimmt die Aspekte Freiheit und Bestimmung (Gesetz), zur Durchsetzung der Gesetze braucht sie eine (vollziehende) Gewalt. Eine wahre bürgerliche Verfassung kombiniert Gewalt mit Freiheit und Gesetz. Die Regierungsform ist die Republik. Oberste Priorität der Staatsverfassung ist, dass dem Untertan größtmögliche Glückseligkeit ermöglicht wird. Anzustrebendes Ziel ist eine weltbürgerliche Gesellschaft.[29]

4. Anthropologie in Pädagogik und Didaktik zur Zeit der Aufklärung

Seit dem Ende der 1790er möchte eine bestimmte Schicht ihre Individualisierungschancen via dem Instrumentarium Bildung nutzen. Bildung an sich wird hingegen angeblich zweckfrei.[30] Unter dem Stichwort des „pädagogischen Jahrhunderts" finden sich die Alphabetisierungsmaßnahmen, die Ausweitung der Schulpflicht und der Mädchenerziehung. Bildung ermöglichte zudem die Subjektivierung des Menschen zu sich als Menschheit. Die pädagogische Semantik der Aufklärung korrellierte mit gesellschaftlichen Entwicklungen:

„Im 18. Jahrhundert wird dieser alteuropäische Humanismus durch einen Neuhumanismus ersetzt, der von sozialer Stratifikation abstrahiert und sich auf <<Subjekte>> schlechthin bezieht. Dem entspricht die Ersetzung des Begriffs der (naturalen) Perfektion durch den Begriff der Bildung."[31]

---

[28] Heiner F. Klemme, Einleitung. In: Immanuel Kant (wie Anm. 14), S. 20
[29] Immanuel Kant (wie Anm. 17), S. 268.
[30] Käthe Meyer-Drawe (wie Anm. 9), S. 607.
[31] Niklas Luhmann: Das Erziehungssystem der Gesellschaft. Herausgegeben von Dieter Lenzen. Frankfurt am Main 2002, S. 17 f. Zu den folgenden Ausführungen vgl. ebd.

Die Erziehung soll den Menschen als gesellschaftliches Wesen mit einer inneren, frei akzeptierten Form ausstatten, welche zugleich die gesellschaftlichen Verhältnisse humanisiert. Ein weiteres Kalkül liegt in der Vermutung, dass die Bildung den Menschen ungefährlich macht und ihn entwaffnet. Kurzzeitig fand in der Pädagogik eine Begeisterung für transzendentaltheoretische Ideen statt. Es wurde aber bald erkannt, dass, abgesehen von Kant, weder methodisch noch institutionell Hilfe von dieser Seite zu erwarten war. Individualität und selbstgesetzte Lebensziele wurden akzeptiert und gefördert. Aufgabe der zunehmend in die Autonomie getriebenen, d.h. ausdifferenzierte Pädagogik war für die strukturelle Kompatibilität von Mensch und Gesellschaft zu sorgen. Die Lehre des 18. Jahrhunderts betont die Offenheit des Menschen, der auf Gesellschaft, Milieu, Kultur etc. angewiesen ist. Die Perfektibilität des Menschen, d.h. seine Unfertigkeit, ist wesentliches Merkmal Pädagogik des 18. Jahrhunderts. Als nicht bestimmtes Wesen saugt das Kind an, was ihm zur Selbstbestimmung geboten wird. Der Erzieher soll das Kind denaturieren, es primär als erlebendes und dann erst als handelndes Wesen sehen. Rationalität, Kultur und Perfektibilität lautet die sich herausbildende pädagogische Semantik des 18. Jahrhunderts. Durch die Einführung des allgemeinen Schulwesens wird die Schule zur Dirigierungsstelle für Chancen des späteren Leben. Die skizzierte Entwicklung hat zur Frage geführt, „warum der Staat Karriereinteressen finanzieren sollte."[32] Als Organisation des politischen Systems kann der Staat nicht selber erziehen. Deshalb finanziert er aus Steuermitteln die Kosten von Schulen. Damit einher geht die Professionalisierung des Erziehungswesen, mit eigens für den erziehenden Unterricht ausgebildeten Lehrkräften.

4.1 Lorenz Heinrich Wagners „Anthropologie für Gymnasien und Schulen"

Bereits die Vorrede des Lehrbuchs von Wagner gibt Aufschlüsse über die erste Forschungsfrage. Laut Wagner herrscht ein Forschungsdesiderat

---

[32] Niklas Luhmann (wie Anm. 30), S. 71.

der physiologischen Anthropologie in der Schule.[33] Die physiologische Anthropologie gilt dem Autor quasi als Propädeutik der empirischen Psychologie. An den bereits vorhandenen Lehrbüchern der Anthropologie bemängelt er den hohen Preis und als Didaktiker, deren Unfähigkeit den Stoff angemessen zu reduzieren und komprimieren. In dem von Wagner avisierten eigenen Lehrbuch soll die didaktische Fragestellung der richtigen Stoffvermittlung für Schüler (der Gymnasien) zentral sein. Damit dies überhaupt den Adressaten erreicht, versuchte er bei der Konzeptionierung einen erschwinglichen Preis zu berücksichtigen. Ein Unterschied zur heutigen Schulbucherstellung besteht darin, dass Wagner seine Referenzen in Ith, Haller, Plattner und Schmid offen legt. Das für die Wissenschaften unabdingbare Postulat der Belegbarkeit[34] entfällt (heute) häufig bei Lehrbüchern für die Schule. Nicht ohne Stolz beschreibt Wagner das problemlose Bestehen auch heute noch gängiger Genehmigungsverfahren für Schulbücher. Inhaltlich fokussiert Wagners Lehrwerk die Physiologie des Menschen. Damit scheinen metaphysische und moralisierend-ethische Fragen ausgeschlossen, obgleich der Verdacht auftritt, dass in einem Lehrbuch für den Gymnasialunterricht im Zuge der Epoche der Aufklärung diese Komponenten nicht außer acht gelassen werden. Das menschliche Leben wird als harmonische Wirksamkeit aller Kräfte und Vermögen der Menschennatur definiert.[35] Am Ende des Vorworts nimmt der Autor Präzisierungen hinsichtlich seiner Klientel vor. Das Buch eignet sich für Jünglinge zwischen 14 und 18 Jahren. Damit ist das weibliche Geschlecht als Rezipient des Buchs a priorisch ausgeschlossen. Das Alter zwischen 14 und 18 Jahren gilt nicht nur in der heutigen Pädagogik als wichtig. In der sozialpsychologischen Diskussion vertritt Lawrence Kohlberg einen Ansatz, wonach „die Etappen ... der Adoleszenz, ... des Erwachsenenalters sowie des Alters im Hinblick auf eine Synthese von kognitiven, moralischen, erkenntnistheoreti-

---

[33] Vgl. Lorenz Heinrich Wagner: Anthropologie für Gymnasien und Schule. Bayreuth 1805, S. VII-XII.
[34] Im Allgemeinen ist das Kriterium der Belegbarkeit eine der drei erforderlichen und für die gesamten Wissenschaften geltenden Rationalitätspostulats. Vgl. Ulrich Druwe: Politische Theorie. 2. Auflage. Neuried 1995, S. 20 ff.
[35] Vgl. Lorenz Heinrich Wagner (wie Anm. 32), S. 7.

schen, metaphysischen und religiösen Stufen zu beschreiben" werden.[36] Ebenso kann man den Oberbegriff Jugend in Jugend, Pubertät und Adoleszenz unterteilen.[37] Wagner subsumiert den Altersabschnitt von 14 bis 18 Jahren unter dem Etikett der Kindheits- und Jünglingsjahre, wobei das Merkmal des Wachstums prägend ist. Er trägt diesem heiklen Altersabschnitt pädagogisch und didaktisch Rechnung, denn er geht von einer reizbaren und feurigen Phantasie aus, welche dem Lehrenden die Stoffvermittlung erschwert. Der Lehrer besitzt die Pflicht seine Schüler im Moralischen zu ermahnen, da ein zu früher, übermäßiger oder widernatürlicher Gebrauch des Zeugungsvermögens katastrophale Folgen zeitigt. Drastisch führt er die Folgen einer zu frühzeitigen oder unangemessenen Sexualität aus:

„Wehe dem Menschen, wenn er es als Wink der Natur oder gar als Recht ansieht, Triebe schon dann zu befriedigen, wenn sie sich in ihm zu regen anfangen! Schrecklich und schauervoll sind die Folgen, die ein zu früher Gebrauch derjenigen Fähigkeit, welche für spätere Jahre bestimmt ist, nach sich zieht, und noch weit empörender ist es, was leider! zur Schande der Menschheit nicht selten der Fall ist, wenn der Mensch so tief sinkt, dass er Befriedigung gewisser Triebe sogar auf Wegen sucht, die eben so unnatürlich, als schändlich und unter das Vieh herabwürdigend sind."[38]

Das pädagogische Ziel, die Erziehung der Schüler zu vernunftgesteuerten Menschen, welche ihre Triebe gesellschaftlich und individuell verträglich zu regulieren in der Lage sind, wird didaktisch und rhetorisch eindrucksvoll verpackt. Neben Ausrufezeichen findet sich die alliterative Verdopplung von Begriffen. Zudem wird die Konsequenz geschildert, was bei abartigen sexuellen Praktiken dem Menschen blüht, nämlich das Hinabsinken ins Tierreich. Inhaltlich knüpft der Autor damit an weite Teile der Aufklärung beherrschenden Onanie-Debatte an.[39] Zu den nega-

---

[36] Lawrence Kohlberg: Die Psychologie der Lebensspanne. Frankfurt am Main 2000, S. 66.
[37] Herbert Gudjons: Pädagogisches Grundwissen. Regensburg 2001, S. 126 ff.
[38] Vgl. Lorenz Heinrich Wagner (wie Anm. 32), S. 18.
[39] Vgl. beispielsweise zur Onaniedebatte des 18. Jahrhunderts: Harald Neumeyer: Literaturwissenschaft als Kulturwissenschaft. In: Ansgar Nünning/Roy Sommer (Hrsg.): Kulturwissenschaftliche Literaturwissenschaft. Disziplinäre Ansätze – Theoretische Positionen – Transdisziplinäre Perspektiven. Tübingen 2004, S. 189-192.

tiv semantisierten Trieben gehören weder Hunger noch Durst. Beides dient der Selbsterhaltung, obgleich die Natur dem Menschen diese Bedürfnisbefriedigung zum Anliegen gemacht hat.[40] In der Einleitung schreibt Wagner darüber seinen Lesern bzw. Schülern ins Stammbuch:

„Der höchste und wesentliche Zweck der menschlichen Vernunft, der Gesetzgeberin des Menschen, ist – den Menschen über seine Bestimmung und über die Mittel zu belehren, wodurch er dieselbe erreichen kann."[41]

Die verwendete Terminologie weist den Autor als Schüler der Aufklärungssemantik aus. Der Mensch ist zur Vernunft fähig, ja die Vernunft ist eine der zentralsten anthropologischen Grundkonstanten überhaupt. Zudem ist die Vernunft die Gesetzgeberin des Menschen, die gedankliche Figur und das verwendete Vokabular verweisen auf Kant als geistigen Paten. Die Bestimmung des Menschen und wie diese realisiert werden kann, bilden das Ziel des menschlichen Strebens und seiner ihm angeborenen Vernunft. Diese Ausgangsbasis bildet die Grundlage der anthropologischen Wissenschaften. Zugleich ist das Bestreben des Autors offen gelegt, den zwischen 14 und 18 Jahre alten Schülern ihre Bestimmung und den Weg zu dieser Bestimmung zu verdeutlichen. Diese Vorstellung korrespondiert mit dem um dieselbe Zeit entworfenen humboldtschen humanistischen Bildungsideal.[42] Ein für die Schule entworfenes anthropologisches Lehrbuch kann in der Wertigkeit seiner Aussagen über die Bestimmung des Menschen nicht hinterfragt werden. Die Anthropologie untergliedert sich in die physiologische und psychologische Anthropologie. Der erste Zweig beschäftigt sich mit dem Äußeren, der zweite mit dem Inneren. Die philosophische Anthropologie bildet eine Synthese. Aus didaktischen Zwecken, d.h. wegen der Angemessenheit des Stoffs für die Schüler, beschränkt sich der Autor auf die physiologische Anthropologie. Untersuchungsgegenstand ist der

---

[40] Lorenz Heinrich Wagner (wie Anm. 32), S. 136.
[41] Lorenz Heinrich Wagner (wie Anm. 32), S. 3.
[42] Alexander von Humboldt hatte in seinem Gelehrtentum das Bedürfnis in pädagogisch-didaktischer Hinsicht volkserzieherisch tätig zu sein. Ein damit einhergehendes Merkmal ist das der Popularisierung der Wissenschaft, was im Übrigen ebenso auf das Lehrbuch von Wagner zutrifft. Zur Popularisierung der Naturwissenschaften durch von Humboldt vgl. Alexander von Humboldt: Die Kosmosvorträge. Frankfurt am Main 2004.

menschliche Körper, die natürlichen Kräfte und Vermögen, Verrichtungen und Funktionen des Menschen. Die Funktionen des Menschen kann man in die Lebensverrichtungen, die natürlichen Geschäfte und die tierischen Funktionen unterteilen.[43] Bei dieser vom Autor vorgenommenen disziplinären Verschränkung bleibt es nicht, zumal es aus dieser Warte heraus schwierig ist, die Frage nach der Bestimmung des Menschen einzulösen. Zur Bestimmung des Menschen gehört, das dürfte Schülern einleuchten, das eigentlich Menschliche. Es gibt organische und unorganische Körper. Z.T. sind die organischen Körper so organisiert, dass sie sich selber erhalten und entwickeln.[44] In der organischen Welt gibt es die organische (bildende), tierische, Seelen- und Geisteskraft. Der Mensch bestehe aus sieben Klassen fester Teile, z.B. Knochen, Bändern und Muskeln. Die neurologische Analyse ergibt eine Einteilung in Bewegungsnerven und Vorstellungs- oder Empfindungsnerven.[45] Wie interagieren das Gehirn und die von der Außenwelt erhaltenen Eindrücke:

„Man nimmt nämlich eine äusserst feine Nervenflüssigkeit oder Lebensgeister an, gleichsam ein elastisches oder elektrisches Fluidum, welches genaue Verwandtschaft mit dem Nervenmark hat, und die von aussen erhaltenen Eindrücke durch die Nerven als Leiter zum Gehirn – oder auch die von innen empfangenen Eindrücke vom Gehirn gegen die Muskeln fortpflanzt."[46]

Wagner zementiert erkenntnistheoretische Positionen physiologisch. In erkenntnistheoretischer Hinsicht fällt auf, dass Wagners Position in ihrer Radikalität hinter diejenige Kants zurückfällt. In der Tradition der Aufklärung geht Wagner von einander determinierenden, sukzessiv-linear verlaufenden Abläufen aus. Diese kausalmechanistischen Erklärungsschemata insistieren auf objektiv vorhandenen und identifizierbaren Wirkungsmechanismen, die später in der Romantik vom organizistischen Paradigma abgelöst wurden. Bis heute ist es Fakt, dass „radikale" For-

---

[43] Lorenz Heinrich Wagner (wie Anm. 32), S. 115.
[44] Vgl. Lorenz Heinrich Wagner (wie Anm. 32), S. 29. Damit führt Wagner die bei Kant einsetzende Semantik der Selbstorganisation fort. Vgl. zur Fundierung moderner naturwissenschaftlicher Autopoiesetheorien Pia-Johanna Schweizer/Stefan Schweizer: Idealistisch fundierte Axiomatik des Selbstorganisationsparadigmas. In: Berichte zur Wissenschaftsgeschichte 29 (1), S. 53-66.
[45] Vgl. Lorenz Heinrich Wagner (wie Anm. 32), S. 71.
[46] Lorenz Heinrich Wagner (wie Anm. 32), S. 80.

schungserkenntnisse schleichend Einzug in Schulbücher erhalten. Die kopernikanische Wende der kantischen Erkenntnistheorie kann hinsichtlich ihrer Radikalität kaum überschätzt werden. Zudem erklärt Wagner auf physiologischer und nicht philosophischer Ebene Erkenntnisvorgänge, was seine realistisch-materialistische Lesart erklären könnte. Als der Autor an anderer Stelle Schlüsse vom Physiologischen zum Philosophischen vornimmt, nähert er sich der Position Kants wieder an. Demnach könne der Mensch nur die durch ihn vorgenommenen Modifikationen von Dingen an sich wahrnehmen. Objekte der Sinnlichkeit seien somit nicht Realitäten, sondern Erscheinungen und Phänomene.[47] Den Sitz der Seele lokalisiert Wagner im Gehirn, da dieses der Mittelpunkt der Empfindung und Sitz der Vorstellung ist. Damit bleibt er dem der Physiologie angemessenen Materialismus treu. Eine Unsicherheit gesteht Wagner bei der Frage der Seelenverortung ein, wenn er anmerkt, dass diese Frage ein ungelöstes Problem und für Aufklärung und Moralität hinfällig sei. Damit gibt er die pädagogische Stossrichtung zu erkennen, denn die moralisch-ethische Erziehung ist das wahre Anliegen des Lehrbuchs. Die physiologische Verpackung dient der (wissenschaftlichen) Plausibilisierung und Untermauerung der moralisch-ethischen Lehren. Der menschliche Körper besteht aus der Materie und der dazugehörigen Form. Im Gefolge des den medizinischen Diskurs der Aufklärung und z.T. Romantik beherrschenden englischen Arzt John Brown geht Wagner von der Irritabilität als den Menschen bewegenden Kraft aus.[48] Die umfassende Rezeption Browns setzte ab 1795 ein. Grundlegende Denkfigur des brownschen Theorieuniversums ist die Definition, dass das Leben des Organismus durch seine Fähigkeit, auf Reize zu reagieren, geprägt sei.[49] Damit festigt Wagner seine physiologische Argumentation im Gefolge der Aufklärung. Sensibilität gilt Wagner als Kraft der Seele. Der Sitz der Sensibilität sei das Nervensystem, das eigentliche Organ sei das Gehirn. Nervenreizbarkeit kann nur als Ursache-Wirkungs-Schema denkbar sein. Nerventätigkeit bestimmt insofern materielle Veränderungen bzw. spe-

---

[47] Lorenz Heinrich Wagner (wie Anm. 32), S. 111.
[48] Lorenz Heinrich Wagner (wie Anm. 32), S. 98 ff.
[49] Urban Wiesing: Kunst oder Wissenschaft? Konzeptionen der Medizin in der deutschen Romantik. Stuttgart 1995, S. 66.

zifische Bewegungen.[50] Wichtigstes Vermögen des Menschen ist das der Reproduktion. Bei den Empfindungsvermögen geht Wagner von den klassischen fünf Sinnen- bzw. Empfindungswerkzeugen aus, zugleich unterteilt er sie in objektive und subjektive. Als objektive Sinne gelten der Betastungs-, Gesichts und Gehörsinn. Der Geschmacks- und Geruchssinn sind subjektive Sinne.[51] Wagner summiert den Ertrag seiner Ausführungen dahingehend, dass das Nervensystem der eigentliche Sitz der Empfindung sei:

„Die verschiedenen Sinne sind so viele unterschiedene Modifikationen des Empfindungsvermögens. Das Subjekt dieser Modifikationen ist das Nervensystem und der Grund von der Verschiedenheit unserer Sinne liegt in der Struktur der Organe, durch welche das Nervensystem verschieden modifiziert wird. Indess ist nicht zu läugnen, dass auch die Nerven nach der Beschaffenheit der Organe eingerichtet, hier vertheilter, verfeinerter, entblösster, dort grösser und verhüllter seyn müssen."[52]

Das Nervensystem wird zum Agens für Modifikationen des Empfindungsvermögens. Zugleich liegt die Verschiedenheit der Sinne in der zugehörigen Organstruktur begründet, welche wiederum das Nervensystem beeinflusst. Die Beschaffenheit der Nerven richtet sich also nach den Organen. Offensichtlich besitzt die so skizzierte Denkstruktur tautologischen Charakter. Inhaltlich und funktionell nähert sie sich poietisch-organizistischen Argumentationsstrukturen der Romantik an. Sprache macht den Mensch zum Menschen und folglich diskutiert Wagner die physiologischen Voraussetzungen der Sprache. In der Organisation der Sprachfähigkeit sieht er das größte Vermögen des menschlichen Körpers.[53] Die Fähigkeit zur Sprache stellt das wesentliche Distinktionskriterium des Menschen zum Tier dar. Das menschliche Leben verläuft in einer teleologisch-hierarchischen Stufenform von der Pflanze über das Tier zum Menschen.[54] Das Menschsein impliziert ein höheres, freies Dasein eines sinnlich-moralischen Vernunftwesens. Die Sprache ermöglicht dem Menschen Vernunftentwicklung. Das Verhältnis von Sprache und

---

[50] Lorenz Heinrich Wagner (wie Anm. 32), S. 108.
[51] Lorenz Heinrich Wagner (wie Anm. 32), S. 148.
[52] Lorenz Heinrich Wagner (wie Anm. 32), S. 186.
[53] Lorenz Heinrich Wagner (wie Anm. 32), S. 191.
[54] Vgl. Lorenz Heinrich Wagner (wie Anm. 32), S. 7.

Vernunft ist interaktiv-rekursiv. Ohne Sprache bleibt der Mensch dem Tier ähnlich. Folgerichtig klassifiziert Wagner normativ höhere und niedrige Sprachen, welche mit der Kultur und den höheren Seelenregionen eines Volks in Zusammenhang stehen. Zudem ermöglicht Sprache Geselligkeit, „weil dadurch die wechselseitige Mittheilung der Empfindungen und Gedanken möglich wird."[55] Der Autor beurteilt die Größe und Stärke des Menschen ambivalent, da diese, verglichen mit den niederen Tierarten hoch, mit den großen Tierarten niedrig sei.[56] Zum genuin Menschlichen gehört der aufrechte Gang. Neben der Sprache ist dieser ein wesentliches Distinktionskriterium zum Tier. In der Folge nähert sich das Lehrbuch der Bestimmung des Menschen, welche eigentlich nicht Gegenstand der physiologischen Betrachtung sein kann. Durch diese Argumentationstechnik wird eine medizinisch-naturwissenschaftliche Fundiertheit der moralisch-ethischen Ableitungen suggeriert, welche es den Lesern verbietet, diese hinsichtlich ihrer Richtigkeit zu hinterfragen. Die didaktische Funktion der Argumentationsweise liegt auf der Hand. Sie mündet in einer durch logische Stringenz und Wissenschaftlichkeit untermauerten Immunisierungsstrategie. Fragen der Schönheit sind komplex, zumal wenn sie die Idee derselben betreffen. Das höchste Ideal der menschlichen Schönheit hingegen kann aus der Gattung abstrahiert werden. Ein solcher Idealtypus findet sich beispielsweise in den Kunstprodukten der Griechen, denn „indem sie die feinsten edelsten Verhältnisse, welche nur in der Gattung vorkommen, individualisierten: so gelang es ihnen, den Marmor und die Metalle zu einer die Natur selbst übertreffenden Schönheit zu formen."[57] Schönheit ist als übergreifende anthropologische Grundkonstante jedem Menschen möglich bzw. innewohnend. Ausdrücklich bezieht der Autor, im Sinne des aufklärerischen Universalismus und Weltbürgertums alle Rassen ein. Menschliche Schönheit ist nicht alleine durch die Materialität des Körpers geprägt. Es ist die Seele, welche dem menschlichen Antlitze eigentlich das verleiht, was man unter der Kategorie des Schönen subsumiert. Wagner verneint allerdings die Wissenschaft der Physiognomie, welche die Interaktion von Seelen- und Gesichtsausdruck untersucht, da jeder Mensch eine

---

[55] Lorenz Heinrich Wagner (wie Anm. 32), S. 198.
[56] Lorenz Heinrich Wagner (wie Anm. 32), S. 213.
[57] Lorenz Heinrich Wagner (wie Anm. 32), S. 223.

einzigartige Seele und einen daraus bedingten Gesichtsausdruck besitzt. Als letztes fragt der Autor nach dem dem Menschen innewohnenden Ziel. Der Mensch besitzt die Anlage zu künstlerischer Tätigkeit. Dem gesellt sich die Fähigkeit zur Sprache, der mit ihr verbundenen Vernunftanlage und die Fähigkeit zur Intellektualität hinzu. Es ist dem Menschen zu eigen nach einem unerreichbaren Ziel zu streben, ewig unvollkommen zu sein und dabei immer vollkommener zu werden; ewig nicht zu sein, was er werden könnte, und ewig an jeder Vollkommenheit und an jeder Vortrefflichkeit zu gewinnen. Es überrascht nicht, dass Wagner dem Menschen den Stellenwert zumisst, den Raum zwischen der Tierwelt und Gott auszufüllen. Charakteristisch ist die antithetische Struktur des Menschen, das ewige Streben nach etwas Unerreichbarem, die permanente Vervollkommnung, ohne jemals perfekt werden zu können. Das Lehrbuch schließt mit einem pädagogisch-didaktischen Appell, welcher nicht unbedingt in die Struktur eines physiologischen und sich damit weitgehend moralisch-ethischen Kategorien entziehenden Lehrbuchs passt:

„O merket es, ihr Jünglinge, die ihr in mir euern treuen Führer zu den göttlichen Zwecken eures Daseyns nicht verkennet, ehrwürdig, glänzend, in die Ewigkeit, beglückend ist das Loos des Sterblichen, wenn er auf diesem Pfade der steigenden Vollkommenheit zu seiner Bestimmung fortwandelt; aber die Abweichung von demselben verwickelt ihn in Widersprüche mit ihm selbst, und mit dieser ganzen schönen Ordnung aller Wesen; seine Hoffnung, seine Würde, seine Krone – Alles ist verloren."[58]

An dieser Stelle bricht sich der pädagogische Impetus des Autors Bahn. Er verklärt sich zu einem treuen Führer, welcher in der Lage ist, seine Schüler zu den göttlichen Dingen ihres Daseins zu führen. Das Göttliche wird, wie in der Epoche der Aufklärung nicht unüblich, nicht auf einen christlichen Schöpfergott hin präzisiert. Dennoch verspricht der Autor ein Eingehen in die Ewigkeit, wenn es den Schülern gelingt, den Weg zur Vollkommenheit zu wandeln. Aus den vorhergehenden Ausführungen ist ersichtlich, dass damit eine den weltbürgerlichen Vernunftidealen entsprechende Entwicklung des Menschen gemeint ist. Zudem muss der Mensch im moralisch-ethischen Bereich nach Vervollkommnung stre-

---

[58] Vgl. Lorenz Heinrich Wagner (wie Anm. 32), S. 228.

ben. Konstituierend ist, dass der Mensch sich seiner auf der Fähigkeit zur Sprache basierenden Vernunft, in einer vernünftigen Gemeinschaft und Geselligkeit mit anderen, zweckmäßig und instrumentell bedienen soll. Wagner kann als versierter Didaktiker nicht umhin, das Konsequenzen des Gegenteils aufzuzeigen. Weicht der Mensch auf dem stetigen Pfad der Vervollkommnung ab, so gerät er in Widerspruch mit sich selber und die Ordnung und Struktur seines menschlichen Wesens ist bedroht. Rhetorisch versiert gipfelt dies in einer sich steigernden Aufzählung, dass die Hoffnung, Würde und Krone des Menschen durch diesen Werdegang gefährdet sind. Steigernd fügt der Autor an, dass Alles verloren sei. Dieses Alles kann dann eben mehr umfassen als die zuvor aufgezählten drei Komponenten. Damit bedient sich Wagner einer Denkfigur, welche gleichermaßen für die Aufklärung, Frühromantik und Romantik kennzeichnend war. Es wohnt dem Alluniversum und damit dem Menschen eine final-teleologische Entwicklungskonstante inne, welche automatisch zu einem Erlösungszustand führt. Der Mensch besitzt also nicht nur die Anlage zur Perfektibilität, sondern diese wird quasi gesetzmäßig im Menschen negiert und zu einem Besseren hin entwickelt. Allerdings muss der Mensch durch sein Verhalten dazu beitragen, da ihm ansonsten die Verdammung droht. Gemäß dem von Platon eingeführten Diktum kann der auf sich selber beschränkte Mensch nie den absoluten Vollkommenheitszustand erreichen, da er sich dem Göttlichen, Absoluten und der Idee immer nur anzunähern in der Lage ist. Der Schluss des wagnerschen Lehrbuchs ist aufschlussreich, da er die pädagogischen Essentialia in nuce enthält. Didaktisch ist dies am Ende des Lehrbuchs geschickt platziert, da das Wesentliche am Ende eindrücklich geschildert wird. Als Fazit ist festzuhalten, dass Wagner in seiner physiologischen Anthropologie keine wesentlich anderen Inhalte behandelt als die für den universitären Diskurs bestimmten. Allerdings thematisiert der Autor verstärkt Fragen moralisch-ethischer Qualität, also im weiteren Sinne Erziehungsfragen, welche in vielen anderen physiologisch-anthropologischen Monographien nicht diesen Umfang besitzen. Inhaltlich orientiert sich Wagner, wie offensichtlich geworden sein dürfte, an kantischem Gedankengut.

4.2 Karl Heinrich Ludwig Pölitz' „Populäre Anthropologie, oder Kunde von dem Menschen nach seinen sinnlichen und geistigen Anlagen ... für den Unterricht auf Gymnasien und Akademien"

Pölitz' anthropologisches Schulbuch ist 1800 erschienen und liegt damit zeitlich noch fünf Jahre vor demjenigen von Wagner. Auch hier lohnt sich ein Blick auf den Titel. Das Adjektiv populär signalisiert die Forschungsausrichtung. Diese besteht nicht in einer nach harter Wissenschaftlichkeit strebenden Wissenschaft, sondern in der Verständlichmachung abstrakter Sachverhalte für breite Bevölkerungsschichten, in diesem Fall Schüler. Insgesamt kann man eine Tendenz zur Populärwissenschaft für den anthropologischen Diskurs zur Zeit der Romantik festhalten. Auch heute gibt es Stimmen, welche eine Popularisierung des Wissenschaftsdiskurses anmahnen, da nur so eine Annäherung zwischen den Natur- und Geisteswissenschaften möglich sei.59 Eine Funktion der romantischen Anthropologie als vertextetem Korpus ist nur im Zusammenhang mit gesellschaftsstrukturellen Vorgängen zu begreifen. Die allzu radikalsubjektive und elitären Zirkeln zugängliche Transzendentalphilosophie wurde durch die Empirisierung profanisiert und ihrer Radikalität beraubt. Die Betonung der Transzendenz, der auf Gott zu richtenden Willensfreiheit und der Ganzheiten wie Kirche und Staat unterzuordnenden Lebensordnung in den anthropologischen Texten sprechen für einen ideengeschichtlichen restaurativ-reaktionären Roll-Back, nach 1815 nicht zuletzt in der Folge des Wiener Kongresses. Zugleich diente die Anthropologie der Aufklärung und Romantik als Lebensberatung mit sozialregulativen Maximen, an denen die Menschen ihr Handeln ausrichten sollen. Insofern erhob sich der anthropologische Diskurs als staats- und gesellschaftstragende und bestehende Ordnungen unterstützende Semantik. Allerdings konnte sich diese Art der Semantik nicht lange halten, da sie wissenschaftlich problematisch ist und gesellschaftsstrukturelle Änderungen den Weg in eine moderne, säkulare Industrie- und Leistungsgesellschaft wiesen. Die Schulbuchausrichtung verstärkt diese

---

[59] Vgl. Eckhard Höfner: „Kulturwissenschaft denken": Wissenschaftskommunikation und Diskurs-Übersetzung zwischen wissenschaftlichen Disziplinen. In: Heinz Dieter Kittsteiner (Hrsg.): Was sind Kulturwissenschaften? 13 Antworten. München 2004, S. 99-135.

Befunde. Die Funktion von Schulbüchern besteht in einer normativ avisierten systemischen Stabilisierung durch die Heranbildung und Erziehung des jungen Individuums. Zugleich soll seit der Aufklärung die Heranbildung des Individuums zu einem in den systemischen Grenzen agierenden freien Ichs durch den Schulunterricht gelingen. Der Titel von Pölitz betont die sinnlichen und geistigen Anlagen des Menschen als Gegenstand der Anthropologie. Die letzte Spezifizierung des Titels gibt den Einsatzort des Lehrbuchs an. Es dient dem Unterricht auf Gymnasien. Zugleich wendet sich der Autor im Titel gegen den Skeptizismus, indem er dessen Verhältnis zur wissenschaftlichen Anthropologie zu untersuchen ankündigt. Der Skeptizismus ist eine wissenschaftliche Richtung, deren Protagonisten suchen, im Ungewissen sind und zweifeln. Sie insistieren auf dem Fehlen eines unumstrittenen Wahrheitskriteriums und dem Gleichgewicht von Pro- und Contraargumenten in philosophischen Fragen.60 Pölitz nennt den Skeptizismus folgerichtig unter „allen Erscheinungen auf dem Gebiete des menschlichen Denkens ... seit Menschen über die höchsten Angelegenheiten nachgedacht haben ... eine der merkwürdigsten."61 Es ist offensichtlich ein pädagogisches Anliegen des Autors, den Lesern den Skeptizismus auszutreiben. Gymnasiasten neigen nicht zuletzt altersbedingt zu skeptizistischen Positionen. Diese Einstellung widerspricht aber pädagogisch-didaktischen Vorstellungen die Zöglinge zu ganzen, die bestehenden Verhältnisse unterstützenden und mitgestaltenden Staatsbürgern, zu erziehen. Nach Pölitz gibt es drei höhere Vermögen des übersinnlichen Teils des Menschen, das Vorstellungs-, Gefühls-, und Begehrungsvermögen. Dieser Teil des Lehrbuchs bildet das Filetstück, da hier das didaktische Ziel zur moralisch integren Erziehung der Schüler realisiert werden soll. Im Gefühlsvermögen kündigt sich die Schönheit, als letzter von der Ästhetik einzulösender Zweck, lediglich subjektiv an. Der reife und geläuterte Geschmack resultiert aus einem harmonischen Zusammenwirken aller

---

[60] Achim Engstler: Skeptizismus. In: Peter Prechtl/Franz-Peter Burkhard (Hrsg.) (wie Anm. 4), S. 546 f.
[61] Karl Heinrich Ludwig Pölitz: Populäre Anthropologie, oder Kunde von dem Menschen nach seinen sinnlichen und geistigen Anlagen; nebst einer Abhandlung: über das Verhältnis des neuern Scepticismus zur wissenschaftlichen Anthropologie, für den Unterricht auf Gymnasien und Akademien. Leipzig 1800, S. 1.

drei übersinnlicher Vermögen. Pölitz resümiert drei Gesetze des Gefühlsvermögens. Erstens schwächt jede Gefühlsäußerung das Gefühl, die Stärke des Gefühls besteht in dessen Ankündigung im Bewusstsein und die Innigkeit hängt vom Temperament und dem Eindruck, welchen der Gegenstand hinterlässt, ab. Zweitens ist es einem Gefühl nur möglich durch einen Mittelzustand in ein anderes überzugehen. Folglich gibt es weder zwei unmittelbar aufeinander folgende angenehme oder unangenehme Gefühle. Drittens ist eine zu große Mannigfaltigkeit und ein permanenter Wechsel von Gefühlen schädlich. Die innere Zerrüttung nimmt zu, der permanente Kampf vermindert die Gefühle und reduziert ihren wohltätigen Einfluss.[62] Die didaktische Aufbereitung des pädagogischen Inhalts erfolgt in Lehrsätzen. Diese sollen sich dem Schüler leicht einprägen und ihm so zu sozialregulativen Verhaltensmaximen für das restliche Leben werden. Pädagogisch möchte Pölitz die Schüler vor zu starken Extremen und Einseitigkeiten ihrer Gefühlskultur schützen. Vor 1800 gewann die Empfindsamkeit und mit ihr die großen Gefühlsschwankungen unterliegende Gefühlskultur großen Einfluss. Einen Kulminationspunkt bildet Johann Wolfgang von Goethes Briefroman „Die Leiden des jungen Werther".[63] In der Folge gab es zahllose Selbstmorde junge Männer, welche die Gefühlsschwankungen des Protagonisten Werther mit der im Roman vorgegebenen Konsequenz des Selbstmords imitierten. Es ist ein Anliegen Pölitz' diese das Individuum und die Gesellschaft gefährdende Gefühlskultur durch erzieherische Maßnahmen zu unterbinden. Nun bestimmt neben der Vorstellung und dem Gefühl v.a. die Handlung das Leben des Menschen. Diese subsumiert der Autor unter dem Etikett des Begehrungsvermögens, welches er zugleich in ein sinnliches und übersinnliches unterteilt. Das sinnliche Begehrungsvermögen „beruht auf der Fähigkeit, die aus dem sich in der ganzen Organisation des Menschen ankündigenden Zwecke der Glückseligkeit, hervorgehenden Triebe, in Angemessenheit zu diesem Zwecke und zu den isolirten Theilen der Organisation selbst zu realisiren."[64] Aufgabe des

---

[62] Karl Heinrich Ludwig Pölitz (wie Anm. 60), S. 190 f.
[63] Vgl. Johann Wolfgang von Goethe: Die Leiden des jungen Werther. Mit einem Essay von Georg Lukács >Die Leiden des jungen Werther<. Nachwort von Jörn Göres >Zweihundert Jahre Werther>. Frankfurt am Main 1976.
[64] Karl Heinrich Ludwig Pölitz (wie Anm. 60), S. 193.

Menschen ist die bewusst vor sich gehende Bedürfnisbefriedigung. Eine normativ erwünschte und individuell wie gesellschaftlich gelungene Bedürfnisbefriedigung führt zur Glückseligkeit. Um die Theorie nicht im Grauen zu belassen führt der Autor hierfür die Triebe nach Gesundheit, Wohlsein, Eigentum und Freiheit auf. Das übersinnliche Begehrungsvermögen zielt auf die teleologische Vervollkommnung der geistigen Anlagen des Menschen. So wohnt dem Menschen ein rastloses Wahrheitsforschen inne. Beide Vermögen dienen dem didaktischen Ziele der Erziehung zum Guten und Positiven ausgerichteter Menschen. Zur Perfektion der beiden Prinzipien sollen, so Pölitz, beide in einem principum mixtum, dem Ideal des Begehrungsvermögens, verbunden werden. Dieses gemischte Prinzip soll beide Teile der Natur des Menschen, den sinnlichen und den übersinnlichen, harmonisch ins Gleichgewicht zueinander setzen. Damit skizziert der Autor, didaktisch versiert, den Schülern einen anzuvisierenden End- und Idealzustand, den man gleichwohl nie realisieren kann. Die Hoffnung besteht in der pädagogisch-didaktischen Annahme, dass die Schüler sich gerade wegen der Unerreichbarkeit des Ziels um dessen Erfüllung bemühen. Zugleich möchte natürlich niemand in das negativ geschilderte Extrem abgleiten. Es ist dem Menschen nicht schlagartig möglich das Ziel zu erreichen, vielmehr nähert er sich in allen Perioden seiner Existenz diesem Zustand ununterbrochen und stufenweise an, ohne ihn jemals vollständig zu erreichen. Folgerichtig wird der Zustand des Gleichgewichts als absolute Vollkommenheit der menschlichen Natur und die Vollendung des menschlichen Wesens beschrieben.[65] Von diesem Punkt aus nähert sich Pölitz der Konkretisierung der menschlichen Bestimmung. Zum Begehrungsvermögen gehört das Wollen und dieses verbindet sich mit der Freiheit. Es liegt am Menschen die Erreichung oder Nichterreichung der menschlichen Zwecke und Ziele, v.a. des beschriebenen Gleichgewichtszustands, zu realisieren. Bemüht sich der Mensch um die Erreichung des Gleichgewichtszustands, so sind seine Handlungen als Äußerungen seiner Freiheit gut, beim Gegenteil böse. Damit werden den Schülern einfach nachvollziehbare Bewertungskategorien an die Hand gegeben, welche ihnen die Evaluierung ihres eigenen Daseins und Handelns ermöglichen. Aufgabe des Men-

---

[65] Karl Heinrich Ludwig Pölitz (wie Anm. 60), S. 198.

schen ist es, sich seine ursprünglichen Anlagen und deren Zweck bewusst zu machen. In einem weiteren Schritt ist es dem Menschen möglich, sich diesen Zwecken durch die ihm anheim gegebene Freiheit anzunähern. Nun kann die Vernunft dem Willen die Gesetze vorzeichnen. Dies nennt Pölitz mit Kant - das einzig denkbare - Sittengesetz.[66] Durch die praktische Vernunft (Gesetzesbewusstsein) und das Gewissen (Ankündigung im Gefühl) entsteht die Zurechenbarkeit einer Handlung und damit deren moralisch-ethische Beurteilungsmöglichkeit. Menschliche Handlungen sind Bewertungen unterworfen. Es gibt absolute, weltbürgerliche und egoistische Handlungen. Wertvoll sind weltbürgerliche Handlungen, da sie der gesamten Menschheit dienen sollen. Während Temperament das individuelle Verhältnis von Organisation und Gemüt bezeichnet, so drückt Charakter „die innere bleibende Basis der ganzen Denkungs- und Handlungsart des Menschen aus".[67] Folgerichtig bezieht sich der Charakter auf den geistigen Teil des Menschen. Wie ersichtlich steht der Charakter eng mit dem Begehrungsvermögen in Zusammenhang. Dadurch gibt Pölitz seiner Leserschaft Beurteilungskriterien eines guten und schlechten Charakters an die Hand. In einem weiteren Schritt wechselt der Autor von der Individual- auf die Volksebene. Den Nationalcharakter determinieren Faktoren wie Klima, Boden, Produkte und Erziehung, darüber hinaus gibt es eine dem Volk innewohnende, von diesen Faktoren unabhängige, Handlungs- und Denkungsart.[68] Durch das selbstreflexive Moment der Erziehung signalisiert Pölitz, dass Werte der Erziehung und Kultur kontingent sind und damit permanentem Wandel unterliegen. Beim Charakter der Menschheit angelangt zieht der Autor alle didaktischen Register und häuft pädagogische Ziele. Über der Menschheit weht der göttliche Odem der Vernunft und die Menschheit kann nicht anders, als zu grenzenlosem Fortschritt zu dringen. Die Fortschrittsgläubigkeit erstreckt sich nicht auf jedes Individuum und jede Epoche, aber die Gattung der Menschheit als Ganzes. Fortschritt und Kultur gelten als unendliche Ziele, auf welche die Menschheit unbeirrbar zustrebt. Pölitz zeigt sich ein letztes Mal als Vertreter der Aufklärung. Er appliziert deren Postulate seinen Schülern didaktisch aufbereitet.

---

[66] Karl Heinrich Ludwig Pölitz (wie Anm. 60), S. 202 f.
[67] Karl Heinrich Ludwig Pölitz (wie Anm. 60), S. 207.
[68] Karl Heinrich Ludwig Pölitz (wie Anm. 60), S. 209.

Wenngleich es einen Widerspruch zwischen positiver Individual- und Menschheitsentwicklung gibt, diese ist durch das falsche bzw. böse Tun des Menschen bedingt. Dennoch kann die Menschheit als Ganzes nicht anders, als in einem final-teleologischen Prozess zum Fortschritt zu drängen, zumal die göttliche Vernunft über der Menschheit waltet. Folglich gibt es für das Individuum und somit auch den Schüler keinen Grund zur Unzufriedenheit mit den bestehenden Verhältnissen. Eine Veränderung zum Guten beginnt beim Individuum und vollzieht sich im makrokosmischen Rahmen automatisch. Diese Argumentationsfigur ist ein Persilschein für alle im Großen bestehenden Verhältnisse. Nur das Individuum bleibt zur moralisch-ethischen Arbeit an sich verpflichtet. Allerdings bedingen viele moralisch integere Individuen eine gesunde Gesellschaft. Da der Schulbuchtitel keine Spezifizierung vorgibt, umfasst Wagners Lehrbuch das gesamte Gebiet der anthropologischen Disziplin. Somit ist eine inhaltliche Konvergenz mit universitären Lehrbüchern gegeben. Allerdings führt Pölitz einen ausführlichen Exkurs gegen den Skeptizismus, welcher seinen Schülern - als pädagogisches Ziel - eine gesicherte Wissensbasis suggerieren soll. Kant bildet einen inhaltlichen Leitfaden für Pölitz.

5. Fazit

Die Anthropologie der Aufklärung (und der Romantik) diente als Lebensberatung inklusive sozialregulativer Maximen, an denen die Menschen ihr Handeln ausrichten sollten. Insofern erhob sich der anthropologische Diskurs als staats- und gesellschaftstragende und bestehende Ordnungen unterstützende Semantik. Inhaltlich behandeln die anthropologischen Schulbücher von Wagner und Pölitz dieselben Inhalte wie die für den universitären Markt bestimmten. Zur Präzisierung: Bei Wagner bleibt festzuhalten, dass in seiner physiologischen Anthropologie keine wesentlich anderen Inhalte behandelt werden als in Büchern desselben Zuschnitts, welche für den universitären Diskurs bestimmt sind. Allerdings behandelt Wagner Fragen moralisch-ethischer Qualität, also im weiteren Sinne Erziehungsfragen, in einem Umfang, der in anderen physiologisch-anthropologischen Monographien nicht vorkommt. Pölitz konvergiert inhaltlich mit universitären Lehrbüchern, lediglich sein Exkurs gegen den Skeptizismus scheint durch die Klientel der Schüler bedingt. Inhaltlich ist sowohl bei Wagner als auch Pölitz eine starke Orientierung an kantischem Gedankengut festzuhalten. Pädagogische Ziele beider Autoren sind, die Schüler zu einem selbstbestimmten, in moralisch-ethischen Fragen korrekt denkendem und handelndem Wesen zu machen. Konkretisiert bedeutet das, dass die Schüler die bestehende gesellschaftliche Ordnung nicht ernsthaft in Frage stellen und der Gesellschaft nicht zuträgliches Verhalten unterlassen sollen. Unzulänglichkeiten, mit welchen das Leben behaftet ist, sollen die Schüler in der eigenen Perfektibilität verorten, z.B. als Ungleichgewicht des sinnlichen und übersinnlichen Begehrungsvermögens. Wagners didaktische Strategie ist global angelegt. Auf Grund einer recht harten Wissenschaft, nämlich der physiologischen Anthropologie, suggeriert er den Schülern moralisch-ethische Leitsätze. Da diese aus harter Wissenschaftlichkeit abgeleitet werden, ist es schwierig, deren Gehalt in Frage zu stellen. Damit gibt Wagner die pädagogische Stossrichtung zu erkennen, denn die moralisch-ethische Erziehung ist das wahre Anliegen des Lehrbuchs. Die physiologische Verpackung dient (lediglich) der (wissenschaftlichen) Plausibilisierung und Untermauerung der moralisch-ethischen Lehren. Pölitz fasst seinerseits die wesentlichen Ergebnisse in komprimierten und optisch herausgehobenen Merk- und Lehrsätzen zusammen, die zugleich in besonders eindringlichem, beinahe Appell haften Stil verfasst sind. Zur dritten und vierten Forschungsfrage: Anthropologie wird als relativ junge Disziplin dem pädagogischen System angepasst. Sprachlich und inhaltlich sind die Lehrbücher dem Alter der Schüler angemessen. Aus dem Inhalt der Anthropologie lassen sich logisch Lehren zum Führen eines guten Lebens ableiten. Die Lehre vom Menschen bedingt nicht nur im pädagogischen System Lehren für die Gesellschaft. Nur auf der Grundlage von gelungenen Einzelleben lässt sich ein gelungenes gesellschaftliches Ganzes herausbilden. Die geistige Patenschaft Kants ist unübersehbar. Die Unmündigkeit der Individuen soll möglichst zugunsten eines kosmopolitischen Weltbürgertums abgelegt werden. Begründungsmaximen für ethisch-moralisches Handeln entspringen nicht mehr externen Kategorien, sondern basieren auf der radikalen Subjektivität transzendentaltheoretischer bzw. anthropologischer Reflexionen. Zucht und Moralität geben der neu herausgebildeten Kultur ihren Sinn, da so den Schülern innere Bildung und Denkungsart gegeben werden. Erziehung ist notwendig und schleift die Rohigkeit der Menschen ab, führt in die herrschenden Gebräuche der Gesellschaft ein und ermöglicht eine selbstbestimmte Moral, deren Perfektionierung zum Wohl der Gesellschaft das Ziel ist. Dazu erforderlich ist die Respektierung der nicht zuletzt durch Kant geprägten Vernunftgesetze.[69] Seit dem Ende der 1790er möchte eine bestimmte Schicht ihre Individualisierungschancen via Bildung nutzen. Bildung wird zum hohen gesellschaftlichen Gut, welches der Staat, losgelöst vom politischen System, bereitstellt.

---

[69] Käthe Meyer-Drawe (wie Anm. 9), S. 605.

III. Der pädagogische Wert von Märchen

Zuerst erschienen im Grin Verlag: Stefan Schweizer, Der pädagogische Wert von Märchen. Grin Verlag. München 2008

1. Einleitung

Besonders in der Epoche der Romantik wurde der Sehnsuchtstraum nach archetypischen Lebens- und Strukturformen auf Kunst- und Volksmärchen projiziert, denn es wurde versucht, "durch die Magie des dichterischen Wortes ein versunkenes Reich zu beschwören, in welchem das Leben noch heil ist, der Mensch noch im Einklang mit den Naturgewalten steht."[70] Lange Zeit vor und lange Zeit nach der Romantik gilt diese Funktionsumschreibung von Märchen immer noch.

In vorliegendem Aufsatz soll aber ein anderer Sachverhalt beschrieben werden, nämlich wie Volksmärchen auf (kleine) Kinder wirken und was sie in diesen (kleinen) Kindern bewirken können. Dabei werden vor allem die in (allen) Märchen enthaltenen "erzieherischen" Komponenten betrachtet. Die damit verbundenen psychologischen Auswirkungen bezüglich der Kindesentwicklung werden angeschnitten. Miteinbezogen in diese Überlegungen werden ferner den Märchen zugeschriebene universelle und archaische Geltungsansprüche - auf die durch das erste Zitat hingewiesen werden sollte -, welche nicht zuletzt die gerade eben beschriebenen lernpsychologischen und -pädagogischen Einflüsse auf Kinder verstärken.

Die Rezeption von Märchen, so eine wichtige These des Aufsatzes, kann Kindern helfen, Probleme im Zusammenhang mit dem Heranwachsen besser zu bewältigen und zu verarbeiten. Allerdings bedeutet solch eine einseitige, nur auf das Kind fixierte Betrachtungsweise die Reduktion eines sich komplexer darstellenden Sachverhalts: Märchen besitzen nicht nur die Möglichkeit alleine dem Kind in seiner Entwicklung zu helfen, sondern auch Eltern können durch Märchen Teile ihrer eigenen

---

[70] Migge, W., Clemens Brentano, S. 12

Entwicklung - besonders im Bezug auf die Kindeserziehung - besser zu verstehen suchen.

Man verdeutliche sich diesen Bezug, indem man an die vielen Märchen denke, in denen das Thema Erziehung thematisiert wird, wahlweise "Hänsel und Gretel" und "Schneewittchen". So wie der ursprünglich rein mündliche Vortrag von Volksmärchen ein interaktives Kommunikationsmuster von Sender und Empfänger verlangt und damit die aktive Partizipation zweier Seiten impliziert, verhält es sich auch mit der Lernfähigkeit und den Sehnsuchtsprojektionen durch Märchen; denn Eltern können ebenso wie ihre Kinder hinterfragen, was für wissens-, erstrebenswerte und positive Botschaften Märchen für sie enthalten: "Nur wenn man den Eltern dazu verhilft, selbst reifer, wissender ... zu werden, ... bestehen Chancen, daß dem Kind ein adäquates Milieu geschaffen wird ... (und, S.S.) daß Erziehung immer mit Selbsterziehung des Erziehers verknüpft sein muß."[71]

Durch den elterlichen Vortrag von Märchen bestehen sowohl für das Kind als auch für die Eltern Möglichkeiten zu lernen und dadurch in ihrer Individualentwicklung einen Schritt nach vorne zu machen. Gemeinsames Lernen und aus dem gemeinsam Erlernten Positives für das gemeinschaftliche Zusammenleben zu ziehen und die gemeinschaftliche Freude wäre eine Idealvorstellung des Märchenvortrag und der Märchenrezeption.

Naturgemäß finden diese Lernprozesse für Eltern und Kinder auf unterschiedlichen Entwicklungsstufen statt. Das mögliche Lernen aus Märchen lässt sich unter anderem durch eine Art Verknüpfung von literarischer und psychologischer Sichtweise damit begründen, dass "Dichtung eine dem Menschen wesentliche Weise der Bearbeitung seiner Lebenswirklichkeit und der Auseinandersetzung mit ihr ist (und, S.S.) ... Daß Dichtung etwas Wesentliches in unserem Leben zu bewirken vermag."[72]

Bei den Märchen spielen sich diese Lernprozesse bzw. Sehnsuchtsprojektionen - ob nun bewusst oder unbewusst - seit Jahrtausenden in (beinahe) allen Kulturkreisen ab. Durch den immer noch universal gültigen

---

[71] Rattner, J., Alfred Adler, S. 95
[72] Kaiser, G., Wozu noch Literatur?, Über Dichtung und Leben, S. 10

Geltungsanspruch von Märchen werden nach Vortrag bzw. Rezeption derselben die Möglichkeiten einer geglückten Lebensbewältigung und der Be- und Erwirkung positiver Momente im Individuationsprozess erhöht.

Im kontinentaleuropäischen Raum zu Anfang des 19. Jahrhunderts ist es hauptsächlich den Brüdern Grimm zu verdanken, dass die zunächst "nur" mündlich weiter überlieferten Märchen systematisch gesammelt und niedergeschrieben wurden. Erst mit Beginn der Psychoanalyse wurden die viel- und tiefschichtigen Ebenen der Märchen gründlich durchleuchtet und systematisch sichtbar gemacht.

Dem folgenden Aufsatz liegt vor allem das 1975 vom amerikanischen Psychologen Bruno Bettelheim erschienene Buch "Kinder brauchen Märchen" zugrunde; eigene Überlegungen und Thesen werden dem komplementär hinzugefügt, da eine explizit ausgeführte Theorie zu dem Komplex Märchen in Bettelheims Buch selber nicht wirklich enthalten ist.

Im zweiten Kapitel wird eine Begriffsdifferenzierung zwischen Mythos, Märchen und Kunstmärchen vorgenommen, um die einzigartige Relevanz von Märchen für Kinder - in Abgrenzung zu den anderen genannten Gattungen - zu unterstreichen.

Das dritte Kapitel untersucht Märchen hinsichtlich (der Lösung) ödipaler Konflikte. Quasi als Umkehrung von Kapitel drei wird im vierten Kapitel das Märchen "Schneewittchen" auf ödipale Probleme der Eltern hin durchsucht.

Im letzten und vierten Kapitel wird noch darauf eingegangen, wie Märchen vorgetragen und rezipiert werden sollten, da dies entscheidend für den Wert von Märchen für Kinder überhaupt ist.

2. Gattungsunterscheidungen zwischen Volksmärchen, Mythos und Kunstmärchen

Kinder suchen beim Heranwachsen Ordnung in ihrem sich kompliziert darstellenden Inneren und Äußeren zu schaffen und ihrem Leben einen

Sinn zu geben und diesen "Sinn finden sie im Märchen."[73] Entscheidende Funktion der Märchen ist dabei den Kindern, auf vorbewusster, unbewusster oder bewusster Ebene Botschaften zu vermitteln, welche von unmittelbaren menschlichen Nöten und Konflikten handeln. Auch sollten die Märchen Ernsthaftigkeit im Umgang mit diesen existentiellen Ängsten an den Tag legen und gerade deshalb - oder aber vielleicht auch dennoch - gilt: Die im Märchen auftauchenden erwähnten Problembereiche werden immer einer für das Kind positiv erscheinenden Lösung zugeführt.[74]

Nach Bettelheim kann das Märchen nur deshalb eine so große psychologische Wirkung auf das Kind ausüben, weil es ein Kunstwerk - und eng damit verbunden - Fiktion ist.[75] Fiktion, die erzählt, kann neue Lebensräume und Lebensentwicklungen eröffnen, die sowohl in der psychologischen Verfasstheit als auch im extremeren Fall bei der physischen Tat der Rezipienten reale Auswirkungen besitzen können.

Andere Erzähltextgattungen weisen märchenähnliche Strukturen auf, haben aber nach Bettelheim nicht die gleichen psychologischen Wirkungsmöglichkeiten wie diese. Um diese Hypothese nachvollziehen zu können, soll im folgenden ein kurzer Vergleich zwischen Märchen und Mythos und Märchen und Kunstmärchen angestellt werden.

2.1 Volksmärchen und Mythos

Zeitlich geht der Mythos dem Märchen voraus und es ist denkbar, dass Mythos und Märchen einst als "verbundene Gattungen eine Art friedlicher Koexistenz" geführt haben. Der Mythos wird als Versuch früher Kulturstufen gesehen, "Fragen des Ursprungs der Welt ..., ihres Endes ..., der Entstehung der Götter ..., der Menschen ... und bestimmter Naturphänomene ... in Bildern, durch Personifikationen ... oder mehr oder weniger ausgeschmückte Geschehensfolgen zu erfassen. Der Mythos läßt sich auch als Versuch erklären, Moralisches, Existentielles oder Mys-

---

[73] Bettelheim, B., Kinder brauchen Märchen, S. 11
[74] Ebd., S. 12 und 17
[75] Ebd., S. 19

tisches in Symbolen zu gestalten."[76] Der Mythos ist also dieser Definition zufolge eine Fiktion, die schon früh in der phylogenetischen (stammesgeschichtlichen) Entwicklung eine Rolle zur Lebenserklärung und -bewältigung gespielt hat. Aus den Mythen heraus wurde versucht, Hilfen zur Deutung von Leben und scheinbar nicht erklärbaren Sachverhalten wie der Existenz des Universums und des Lebens allgemein zu erhalten.

Erzählen an sich erhält damit eine Funktion, Leben zu bewältigen und zu konstituieren. Die Gattungsbezeichnung Märchen tauchte - obwohl die Gattung an sich natürlich schon länger existierte - erstmals im 15. Jahrhundert auf und unter Märchen wird heute eine "phantast., realitätsüberhobene, variable Erzählung, deren Stoff aus mündl. volkstüml. Traditionen stammt"[77] verstanden, welche auf anonymes Erzählgut zurückgeht. Ein Erzähler oder Dichter im eigentlichen Sinne ist nicht auszumachen.

Bei den Märchen stehen im Gegensatz zum Mythos nicht so sehr phylogenetische, sondern ontogenetische (individualgeschichtliche) Aspekte im Vordergrund. Allerdings können von den geglückten Individuationsprozessen mehrere profitieren; oft zumindest zwei, denn die Synthese vom Ich und Du zum Wir ist häufig unabdingbarer Schritt zum Glück, denn das „Ich kann auf einer noch so hohen Ebene leben, ohne das Du lebt es ein einsames Leben. Das sagt uns der glückliche Ausgang der Märchen, in denen der Held mit seiner Lebensgefährtin vereinigt wird."[78] Dieser scheinbare Gegensatz zwischen Märchen und Mythos ist aber kein wirklicher, sondern verdeutlicht eher die strukturelle Nähe der beiden Ebenen im abstrakten Sinne: Phylogenetische Entwicklungen können sich in ontogenetischen Entwicklungen widerspiegeln - und umgekehrt.[79] So meint auch der Stuttgarter Germanist Heinz Schlaffer, dass Gattungsdifferenzen in Bezug auf die mythische Erbschaft zweitrangig sind, denn Ziel und Funktion der Gattungen sei die "Repräsentation von Sinn."[80]

---

[76] Metzler Literatur Lexikon, S. 316
[77] Ebd., S. 292
[78] Bettelheim, B., Kinder brauchen Märchen, S. 325
[79] Vgl. dazu ähnlich: Jacobi, J., Die Psychologie von C. G. Jung, S. 42
[80] Schlaffer, H., Poesie und Wissen, S. 111

Bei den Mythen liegt die Sinnhaftigkeit in den Erklärungsversuchen von universalen Weltdeutungen, bei den Märchen eher in einer auf das individuelle Verhalten gemünzten Hilfestellung. Schon aus diesen kurzen Skizzierungen ist zu erahnen, warum der Psychologe Bettelheim Märchen gegenüber Mythen für eine "positive Kindesentwicklung" favorisiert: Im Kindesalter ist die individuellere Schiene aufgrund der Egozentriertheit des Kleinkindes am ehesten zu begreifen und zu verarbeiten. Aber auch die unterschiedliche Beschaffenheit der Protagonisten von Märchen und Mythos lassen die Vorzüge des Märchens erkennen: "Die Mythen projizieren eine Idealpersönlichkeit, die auf der Grundlage der Forderungen des Über-Ich handelt, während Märchen eine Ich-Integration schildern, die Spielraum für die angemessene Befriedigung von Es-Wünschen läßt."[81] Mit einfachen Worten ausgedrückt: Der Mythos überfordert aufgrund seiner umfassenden Erklärungsansprüchen und wegen der Strukturiertheit der Protagonisten (als Über-Ich bestimmt) das Kind und seine Vorstellungen. Im Märchen hingegen wird der (meist letztlich positiv verlaufende) Individuationsprozess mit allen dem Kind vertrauten Facetten (Befriedigung der Es-Wünsche) dargestellt. Eine Identifizierungsmöglichkeit des Kindes mit den Märchenhelden ist also im Gegensatz zum Mythos gegeben. Mythen haben daher einen Hang zum Negativen und Pessimismus, Märchen gehen zumeist positiv aus und verbreiten dadurch den für das Kind erforderlichen Optimismus.

2.2 Volksmärchen und Kunstmärchen

Entgegen der Ankündigung in der Einführung des Verlags vor dem eigentlichen Buchbeginn von "Kinder brauchen Märchen" grenzt der Autor Bettelheim das Märchen nicht vom Kunstmärchen ab. Dennoch scheint es angebracht zu sein, auch hier einen kurzen Vergleich vorzunehmen.

Der augenfälligste Unterschied zwischen Märchen und Kunstmärchen ist der, dass beim Kunstmärchen ein bestimmter Autor sich für das literarisch produzierte Artefakt in schriftlich fixierter Form verantwortlich zeichnet. Zwar wird bezweifelt, dass dem Kunstmärchen im Gegensatz

---

[81] Bettelheim, B., Kinder brauchen Märchen, S. 51

zum Märchen die Ursprünglichkeit und Echtheit fehlt, dennoch wird konzediert, dass das Kunstmärchen anzeigt: "hier liegt eine Ableitung vor, ein Derivat."[82] Schon alleine durch dieses Eingeständnis verliert das Kunstmärchen gegenüber dem Märchen an Qualität: der universale und archaische Anspruch des Märchens wird entschieden reduziert. Das Kunstmärchen besitzt den Ausführungen des Stuttgarter Germanisten Volker Klotz zufolge den Vorzug, den überkommenen Gebrauchswert der Volksmärchen in einer neuen Zeit hinfällig zu machen und damit auf der inhaltlichen Ebene aktueller und zutreffender zu sein.[83] Erstaunlich ist es dennoch, was er alles unter die überkommenen Gebrauchswerte subsumiert, als da "Initiationsriten, Brautwerbungen, Totenkulte, magische Bräuche des Totemismus, Animismus, Tabuismus, sinnbildliche Enträtselungen unerklärlicher Naturerscheinungen."[84] zu nennen sind. Gerade einige dieser Aspekte sind es aber, die für Bettelheim den eigentlichen Wert der Märchen für Kinder ausmachen.

Durch die Thematisierung der genannten Aspekte in Märchen, wie Initiationsriten, Totenkulte und Tabuismen werden dem heranwachsenden Kind Ängste genommen und Entwicklungsperspektiven und -hilfen aufgezeigt. Das, was Klotz ohne Gebrauchswert in einer modernen Welt sieht, besitzt für Bettelheim einen unschätzbaren Wert für die Kindesentwicklung: "Das Märchen verwendet universelle Symbole, die das Kind je nach dem Stand seiner intellektuellen und seelischen Entwicklung auswählen, sich aneignen oder verwerfen kann. In welcher Entwicklungsphase das Kind sich auch befindet - das Märchen macht implizit klar, wie es über diese Stufe hinausgelangen kann und welches der nächste Schritt auf dem Wege zur Persönlichkeitsintegration sein könnte."[85] Man könnte sagen, dass der sicherlich etwas verkommene Gebrauchswert von Märchen bezüglich der phylogenetischen Entwicklung in der ontogenetischen Entwicklung eines Kindes immer noch eine große Bedeutung besitzt.

---

[82] Klotz, V., Das europäische Kunstmärchen, S. 7 f.
[83] Ebd., S. 22
[84] Ebd., S. 22
[85] Bettelheim, B., Kinder brauchen Märchen, S. 150

3. Die Zahl Drei, ödipale Konflikte und deren Lösung in Volksmärchen

Die Zahl Drei und die Darstellung ödipaler Konflikte nimmt in Märchen einen großen Umfang ein. Aus Platzgründen wird in diesem Kapitel der Ödipus-Komplex nur von der männlichen Seite aus betrachtet.

Es ist nicht nur alleine die Thematisierung der (Zahlen-) Konflikte (auf die Drei bezogen), sondern hauptsächlich das symbolische Be- und Umschreiben von Familienkonstellationen. Als Beispiel werden Zahlenkonstellationen in Märchen wie "Die drei Federn" oder "Aschenputtel" angeführt. Diese Zahlenkonstellationen und vor allem die immer wieder auftauchende Zahl Drei haben zweierlei verschiedene Bedeutungen: zum einen repräsentiert sie psychologisch gewendet das Es, das Ich und das Über-Ich, also die psychische Konstellation einer einzigen Person, zum anderen bezieht sie sich häufig auf Familienkonstellationen generell.[86] Drei Kinder tauchen häufig in Märchen auf und meistens wird das jüngste davon besonders in den Blick genommen bzw. der Handlungsstrang konzentriert sich auf ihn. Drei symbolisiert in diesem Zusammenhang aus der Sicht des Kindes sich selber (als Drittes) in seiner Beziehung zu den Eltern zu sehen: Im Unbewussten versucht es die Zwei (also die Eltern) zu überflügeln, gesteht sich dies (aus Angst) jedoch nicht ein und projiziert diese Versuche dann auf seine zwei Geschwister.[87] Häufig werden in Märchen auch die zuerst von Sigmund Freud aufgebrachte "historisch-gesellschaftliche Ubiquität des von ihm so genannten Ödipus-Komplex"[88] thematisiert. Das Wandermotiv bzw. das Hinaus- und Gegenübertreten der Kinder in die Welt kann man in den Märchen als den Aspekt der Ubiquität bezeichnen. Da kleine Jungen die ausschließliche Zuwendung der Mutter und deren Bewunderung alleine für sich haben möchten, "grollt der Junge dem Vater".[89] Im Märchen wird der Ödipus-Komplex der Jungen oft wie folgt dargestellt und (auf-) gelöst: Es ist nicht der Vater, der einem den Zugang zu der Mutter verwehrt, sondern ein Drache, welcher im Zweikampf bezwungen werden muss, um eine gelungene Individuation zu gewährleisten. Dabei muss der Drachentöter

---

[86] Ebd., S. 119 und 123 f.
[87] Ebd., 123 ff.
[88] Lohmann, H. M., Sigmund Freud, in: Metzler Philosophen Lexikon, S. 293
[89] Bettelheim, B., Kinder brauchen Märchen, S. 129

"immer jung und unschuldig sein wie das Kind."[90] und der zu erschlagende Drache steht stellvertretend für den Vater.

Im Märchen wird zumeist durch die Bezwingung des Drachens eine Prinzessin errungen, welche symbolisch die Mutter repräsentieren kann und das Märchen endet dann so, "daß ihre (des Jungens und der Prinzessin/Mutter, S.S.) Bedürfnisse befriedigt und ihre Wünsche erfüllt werden und daß sie für immer miteinander und füreinander leben."[91] Eine solche alleinige Auflösung ödipaler Konflikte kann zwar erlösende Wirkung für das Kind besitzen; es würde dennoch einige Komplikationen implizieren. Deshalb kommt immer auch der bereits erwähnte Aspekt der Ubiquität hinzu, denn das Kind soll den Blick weg von zu Hause (und der Mutter) auf die Welt hin ausrichten, um reifen und eine geglückte Persönlichkeitsentwicklung stattfinden lassen zu können: Das Märchen ermuntert das Kind dazu, "weil es nur winkt und niemals fordert oder befiehlt."[92] Durch dieses "In-die-Welt-Treten" findet der Ödipus-Komplex seine gelungene Auflösung.

4. Der Ödipusmythos in Schneewittchen

Wurde im vorigen Kapitel ödipale Probleme von Seiten männlicher Kinder hinsichtlich der Vater-Mutter-Problematik untersucht, so wird hier anhand von "Schneewittchen" untersucht, wie "Märchen an die ödipalen Probleme der Eltern"[93] rühren.

In „Schneewittchen" geht es vorrangig um eine Mutter-Tochter-Beziehung. Die Königin kann in einfachen Worten ausgedrückt nicht ertragen, dass ihr heranreifendes und -wachsendes Kind sie an Schönheit übertrifft. Die in Kapitel drei angesprochene Problematik erfährt hier quasi eine Umkehrung im doppelten Sinne: Die Problemebene ist alleine auf der femininen Seite angesiedelt und die Blickrichtung erfolgt von "oben nach unten"; nämlich von der Mutter auf die Tochter und

---

[90] Ebd., S. 129
[91] Ebd., S. 130
[92] Ebd., S. 134
[93] Ebd., S. 224

nicht von "unten nach oben"; nämlich vom Sohn auf den Vater (bzw. die Mutter).

Eine nicht zu unterbetonende Komponente des Märchens "Schneewittchen" ist der Narzissmus: eigentlich ist es das Kind, welches die größeren narzisstischen Tendenzen als die Eltern aufweist. In "Schneewittchen" ist aber die Königin als Mutterfigur extrem narzisstisch veranlagt. Das dafür geeignete Symbol des Spiegels repräsentiert dies deutlich. Durch die sexuelle Reifung und die steigende Unabhängigkeit Schneewittchens wird der Narzissmus der Königin für Schneewittchen existentiell, denn die Königin fühlt sich dadurch bedroht und trachtet ihm nach dem Leben.[94] Ist eine solche ödipale Thematik vorhanden, so steht im allgemeinen "fest, daß, je weniger jemand in der Lage war, seine ödipalen Gefühle konstruktiv zu bewältigen, er um so mehr Gefahr läuft, wieder von ihnen heimgesucht zu werden, wenn er eigene Kinder bekommt."[95] Die psychologische Interpretation lautet also, dass die Königin aufgrund eigener unbewältigter bzw. nicht positiv aufgelöster ödipaler Probleme, diese mit in die Beziehung zu ihrem eigenen Kind einbringt. In diesem Punkt ist folglich zu konstatieren, dass die Königin hinsichtlich ihrer aus der Kindheit nicht überkommenen ödipalen Probleme diese auf ihre Tochter projiziert.

Im Märchen wird diese Konkurrenzsituation nicht aus gesellschaftssoziologischen Kontexten erklärt, aber nach Freud ist die ganze menschliche Gesellschaft Schuld an der Verhinderung sexueller Begierden und sozialem Versagen, was dazu führt, dass "jeder, der sich nicht richtig benahm, eine glänzende Entschuldigung, ob es nun Ödipuskomplex, seine Kastrationsangst"[96] etc. an die Hand bekam. In "Schneewittchen" sind es auch hauptsächlich sexuelle Komponenten, welche die (unglückliche) Mutter-Tochter-Beziehung gestalten und prägen, denn es gelingt der Königin nicht, "in ihm (Schneewittchen, S.S.) weder einen Nebenbuhler noch ein sexuelles Liebesobjekt"[97] zu sehen. In diesem Märchen wird diese für Kinder zutiefst beängstigende Situation positiv aufgelöst.

---

[94] Ebd. S. 234
[95] Ebd., S. 225
[96] Dreikurs, R., Grundbegriffe der Individualpsychologie
[97] Bettelheim, B., Kinder brauchen Märchen, S. 229

Scheewittchen überlebt die Eifersucht ihrer Mutter und der Tod derselben führt eine für Schneewittchen glückliche Welt herbei, denn nun ist der ungesunde Ödipuskomplex auf "natürliche" Weise obsolet geworden. Ferner durchläuft Schneewittchen nach dem Ableben der Königin letztlich eine geglückte Entwicklungsphase, da es am Ende des Märchens belohnt wird. Dieser positive Ausgang des Märchens ermutigt das rezipierende Kind, "sich nicht von den Schwierigkeiten bange machen zu lassen, die ihm beim Kampf um Selbstverwirklichung begegnen."[98] Die zweite, beinahe noch relevanter erscheinende Botschaft des Märchens "Schneewittchen" ist aber eine andere. Man könnte sie als einen Appell an Eltern und Kind bezeichnen, nicht zu stark und extrem in sexuell geartete Konkurrenz zueinander zu treten. Denn dadurch würde das Kind im vorödipalen Entwicklungsstadium stecken bleiben und "nie das Glück der Liebe und Ehe kennenlernen. Und Eltern, die - wie die Königin - ihre elterliche ödipale Eifersucht ausspielen, richten ihr Kind fast zugrunde und zerstören mit Sicherheit sich selbst."[99]

5. Die Kunst des Märchenerzählens

Wie in den Kapiteln drei und vier gezeigt wurde, können Märchen Kindern in ihrer Adoleszenzentwicklung helfen. Diese Ausführungen bezogen sich auf inhaltliche Aspekte und Komponenten der Märchen.

Damit diese inhaltlichen Komponenten sich beim Kind auch setzen, in ihm verarbeitet, reifen und positive Schlüsse daraus gezogen werden können, sollte die geeignetste Art des Vortrags von Märchen näher beleuchtet werden. Volker Klotz spricht in diesem Zusammenhang von Anziehungskräften der Mündlichkeit des Volksmärchens und er nennt die Vorteile dieses mündlichen Vortrags: "Da kommen Menschen im gleichen Raum zur gleichen Zeit zusammen, die einander erzählen und zuhören. ... Sogar eingreifen kann er (der Zuhörer, S.S.), wenn er mag; nachfragen, vorausfragen, zustimmende oder abwehrende Stellung nehmen. Auf der anderen Seite kann der Erzähler ebenso unmittelbar

---

[98] Ebd., S. 230
[99] Ebd., S. 249

die Wirkung seiner Erzählung verfolgen."[100] In der Benennung der Vorzüge des mündlichen Erzählens sind sich der Literaturwissenschaftler Klotz und der Psychologe Bettelheim einig. Die Aussage "Erzählen ist besser als Vorlesen, weil es Flexibilität erlaubt"[101] hat ihren tieferen Hintergrund in der durchlässigen und nicht streng didaktisch verfahrenden Methodik der interaktiven Kommunikationsgestaltung.

Ein starrer mündlicher Vortrag des Volksmärchens, der kein bisschen von dem Gedruckten abweicht, würde nicht nur der ursprünglichen Intention und Tradierung der Mündlichkeit von Märchen zuwiderlaufen: Es würde auch die Vorstellungsmöglichkeiten des Kindes entscheidend einschränken und damit die (hauptsächlich auf unbewusster Ebene vermittelten) Botschaften der Gefahr aussetzen, eben nicht vermittelt werden zu können. Der mündlich Vortragende kann auf die Reaktionen des Rezipienten eingehen und in das Erzählgeschehen gestaltend eingreifen, wenn er dies für notwendig erachtet.

Beim Kind ist es nicht rationales Erfassen des eigenen Unbewussten, welches ihm die Botschaften der Märchen erschließt. Es ist vielmehr ein Vertraut-werden mit dem Märchenstoff in der Phantasie des Kindes, wodurch in dieser neue Dimensionen eröffnet werden können: "Form und Gestalt der Märchen bieten dem Kinde Bilder an, nach denen es seine Tagträume ausbilden und seinem Leben eine bessere Orientierung geben kann."[102] Auch aus diesen Ausführungen ist ersichtlich, dass ein gestalterisch offener Vortrag von Märchen ansprechender für produktive Phantasiegestaltung bei dem Kind ist, als ein starres, unflexibles Vortragen von Gedrucktem.

Als berühmtes Beispiel bemüht Bettelheim die Vortragsweise von Goethes Mutter, denn diese konnte flexibel das Märchen umgestalten, wenn ihr später berühmt gewordener Sohn mit tränenerstickter Stimme eine andere Wendung des Märchens forderte.[103] Die andere beschriebene Vortragsart würde zu stark auf lehrend-didaktische Momente des Märchens abheben, welche dem Kind gerade nicht helfen würden, verste-

---

[100] Klotz, V., Das europäische Kunstmärchen, S. 22
[101] Bettelheim, B., Kinder brauchen Märchen, S. 173
[102] Ebd., S. 13
[103] Ebd., S. 176

hen, verarbeiten und langsam (Botschaften) begreifen zu können. Natürlich sind die psychologischen Interpretationen von Märchen richtig und wichtig, sie sollten jedoch alleine in den Händen der und das Werk von Erwachsenen bleiben.

Als Hauptzweck des Märchenerzählens nennt Bettelheim schließlich "das gemeinsame Erlebnis der Freude an der Geschichte",[104] wobei er naturgemäß die beiden Freuden in zwei Blöcke unterteilt: die Freude des Kindes und die Freude des Erwachsenen. Die Freude des Kindes aus den Märchen wird durch die Faszination des Phantastischen und einem wachsenden Verständnis heraus erklärt, während sich die Freude des Erwachsenen aus der Freude des Kindes und dessen wachsendem Verständnis speist.[105] Auf einer abstrakten Ebene gesprochen könnte man von einer Art Selbstreferentialität der Freude des Erwachsenen aus der Freude (seines eigenen) Kindes sprechen.

6. Ausblick

Dieser Aufsatz ist ein Versuch, das Plädoyer Bettelheims, dass Kinder Märchen brauchen, zu unterstreichen und dies v.a. aus lern- und entwicklungspsychologischer Sicht.

Im zweiten Kapitel wurden Gattungsdifferenzen zwischen Volksmärchen, Mythos und Kunstmärchen getroffen. Dabei hat sich herausgestellt, dass besonders Märchen in hohem Grade in der Lage sind, notwendige Kinderphantasien anzusprechen und Kindern in ihrer Entwicklung zu helfen. Allerdings sollte man nicht dem Irrtum unterliegen, dass Märchen alleine das Kind bereichern können; auch realistische Geschichten sollten pädagogisch sinnvoll mit den Märchen kombiniert werden, um die größtmögliche Wirkungsvielfalt bei dem Kind erreichen zu können und damit "das Kind in beiden Teilen seiner sich entfaltenden Persönlichkeit - im Rationalen und Emotionalen - angesprochen."[106] wird. Märchen umfassen allerdings häufig sowohl realistische als auch phantastische Elemente. Sie sind deshalb so hervorragend für die Kinder ge-

---

[104] Ebd., S. 177
[105] Ebd., S. 177
[106] Ebd., S. 66

eignet, weil sich in Kindern viel stärker als bei Erwachsenen die beiden Komponenten der Realität und des Phantastischen miteinander vermischen.[107] Märchen erheben insofern einen sehr umfassenden Anspruch, als sie "seine (des Kindes, S.S.) Phantasie anregen und ihm helfen, seine Verstandeskräfte zu entwickeln und seine Emotionen zu klären. ... Kurz sie muß sich auf alle Persönlichkeitsaspekte beziehen."[108]

In den Kapiteln drei und vier wurde auf die Ödipus-Problematik der Märchen eingegangen. Einmal wurde der Ödipus-Komplex von unten nach oben - vom Kind zu den Eltern - und das andere Mal von oben nach unten - von den Eltern zum Kind - betrachtet. Dieser Themenkomplex ist nur einer von sehr vielen Aspekten der Märchen. Aus Platzgründen wurde aber nur diese eine Thematik von Märchen behandelt. Anhand der Ödipus-Thematiken in den Märchen treten die in Märchen vermittelten sexuellen Botschaften recht deutlich zu Tage. Natürlich sind diese Aspekte besonders für kleine Kinder in ihrem Bewusstsein nicht (vollständig) verständlich, aber auch hier gilt, wie beinahe überall beim Märchen: "Da in Märchen alles in einer symbolischen Sprache ausgedrückt ist, kann das Kind das außer acht lassen, wozu es noch nicht reif ist, und nur auf das reagieren, was ihm vordergründig geboten wird. Aber es ist auch in der Lage, Schicht um Schicht etwas von der hinter dem Symbol verborgenen Bedeutung freizulegen in dem Maß, wie es allmählich bereit und fähig wird, es zu meistern und davon zu profitieren."[109] Es verhält sich also so, dass das Kind je nach Reife und Entwicklungsstadium die Teile der sexuellen Botschaften aufnehmen und verarbeiten kann, für die es sich in diesem Bereich in der Lage fühlt: "So gesehen, sind die Märchen der ideale Weg, um den Kindern etwas über die Sexualität beizubringen, was ihrem Alter und dem Entwicklungsstadium ihres Verstandes entspricht."[110]

Im fünften Kapitel wurde die ideale Vortragsweise von Märchen untersucht. Dabei hatte sich herausgestellt, dass dem ursprünglichen, tradier-

---

[107] Vgl. hierzu z.B. die beiden Kunstmärchens E.T.A. Hoffmanns "Der goldne Topf" und "Meister Floh"
[108] Bettelheim, B., Kinder brauchen Märchen, S. 11
[109] Ebd., S. 326
[110] Ebd., S. 326 f.

ten Bahnen des Volksmärchens entsprechend ein flexibel gestaltetes Erzählen als die ideale Vortragsweise angesehen werden kann. Gezeigt hatte sich, dass sich dadurch ein positives Rückkoppelungs- und Interaktionsmuster zwischen Vortragendem und Rezipienten entwickeln kann, welches beiden die größte gemeinsame Freude an den Märchen und das größtmögliche Lernen durch die Märchen ermöglicht. Die Vortragsweise von Märchen ist daher als beinahe genauso relevant anzusehen wie die in Märchen vermittelten inhaltlichen Botschaften.

Schließlich kann man anhand des Märchens Aschenputtel aufzeigen, was für alle Märchen gilt. Da das folgende Zitat sozusagen als eine Art Resümee von Bettelheims Buch verstanden werden kann, wird es in ausführlich wiedergegeben. Bettelheim bezieht sich zunächst auf "Aschenputtel" und dann auf das Märchen allgemein und er kommt zu dem Schluss, dass das Märchen "zeigt, welche Schritte zur Entwicklung der Persönlichkeit zu unternehmen sind, wenn man die volle Selbstverwirklichung erreichen will, und es tut dies auf märchenhafte Weise, so daß jedermann gerade das versteht, was er begreifen muß, um ein ganzer Mensch zu werden. Das ist kaum verwunderlich, weil das Märchen, wie ich in diesem ganzen Buch zu zeigen versucht habe, die Arbeitsweise unsere Psyche vorzüglich wiedergibt: welches unsere psychologischen Probleme sind und wie man diese am besten meistern kann."[111]

---

[111] Ebd. S. 322

Literatur

Bettelheim, Bruno, Kinder brauchen Märchen, Deutscher Taschenbuch Verlag GmbH & Co KG, München, 1980

Dreikurs, Rudolf, Grundbegriffe der Individualpsychologie, 2. Auflage, Ernst Klett Verlag, Stuttgart, 1971

Hoffmann, E.T.A., Der goldne Topf, Ein Märchen aus der neuen Zeit, Philipp Reclam Junior, Stuttgart, 1993

Hoffmann, E.T.A., Meister Floh, Ein Märchen in sieben Abenteuern zweier Freunde, Philipp Reclam Junior, Stuttgart, 1993

Jacobi, Jolande, Die Psychologie von C.G. Jung, Eine Einführung in das Gesamtwerk, Fischer Taschenbuch Verlag GmbH, Frankfurt am Main, 1978

Kaiser, G., Wozu noch Literatur?, Über Dichtung und Leben, C.H. Beck'sche Verlagsbuchhandlung, München, 1996

Klotz, V., Das europäische Kunstmärchen, Deutscher Taschenbuch Verlag GmbH & Co KG, München 1987

Metzler Literatur Lexikon (Herausgegeben von Schweikle G. und I.), Zweite, überarbeitete Auflage, J.B. Metzlersche Verlagsbuchhandlung und Carl Ernst Poeschel Verlag GmbH, Stuttgart, 1990

Metzler Philosophen Lexikon (Herausgegeben von Lutz, B.), Zweite, aktualisierte und erweiterte Auflage, J.B. Metzlersche Verlagsbuchhandlung und Carl Ernst Poeschel Verlag GmbH, Stuttgart, 1995

Migge, W., Clemens Brentano, Verlag Günther Neske, Pfullingen, 1968

Rattner, J., Alfred Adler, rowohlts monographien, Rowohlt Taschenbuch Verlag GmbH, Reinbeck bei Hamburg, 1972

Schlaffer, H., Poesie und Wissen, Die Entstehung des ästhetischen Bewußtseins und der philologischen Erkenntnis, Erste Auflage, Suhrkamp Verlag, Frankfurt am Main, 1990

IV. Konstruktivistische Pädagogik und ihre ideengeschichtliche Fundierung im Deutschen Idealismus

Zuerst erschienen in: In: Electroneurobiologia vol. 15 (4) 2007, S. 3-30 (URL: http://electroneubio.secyt.gov.ar/Stefan_Schweizer_ Konstruktivistische_Pedagogik_und_Deutsches_Idealismus.htm>)

1. Einleitung

Der Verfasser wies bereits einmal in dieser Zeitschrift, dass eine wissenschaftshistorische Reflektion über den philosophisch-paradigmatischen Hintergrund der Selbstorganisationstheorien ergibt, dass der Deutsche Idealismus, v.a. in Person von Fichte, der basalen Axiomatik der modernen Selbstorganisationstheorien und dem daraus derivierten Konstruktivismus den Weg ebnete.[112] Dieser Aufsatz baut auf dieser auch anderenorts dargelegten Grundeinsicht auf[113] und fragt hier nach den Konsequenzen im Bereich der Disziplinen Pädagogik und Didaktik. Dabei wird ein Mittelweg beschritten, denn die Beweisführung der ideengeschichtlichen Fundiertheit moderner konstruktivistischer Pädagogik kann nicht mehr so ausführlich wie bereits geschehen erfolgen. Dennoch ist es notwendig, dass zumindest das Wesentliche dieser argumentativen Beweisführung dargelegt wird, bevor auf die Auswirkungen auf die konstruktivistische Pädagogik und Didaktik eingegangen wird.

Beim Konstruktivismus handelt es sich um ein fächer- bzw. disziplinenübergreifendes Paradigma. Von konstruktivistischem Theoriengut profitieren u.a. folgende Disziplinen.

❖ Biologie

---

[112] Stefan Schweizer, Deutscher Idealismus, Autopoiese und Radikaler Konstruktivismus, in: Electroneurobiologia 2007; 15 (1), S. 3-62.
[113] Pia-Johanna Schweizer/Stefan Schweizer, Idealistisch geprägte Axiomatik des Selbstorganisationsparadigmas, in: Berichte zur Wissenschaftsgeschichte 29 (1) 2006, S. 53-66 und Stefan Schweizer, Politische Steuerung selbstorganisierter Netzwerke. Baden-Baden 2003, S. 85-98.

- Philosophie
- Politikwissenschaft
- Soziologie
- Diskursanalyse
- Literaturwissenschaft
- Systemtheorie
- Chemie
- Physik
- Medizin
- Neurophysiologie.

Diese Aufzählung beansprucht keine Vollständigkeit. Pädagogik ist z.B. als weitere Disziplin zu nennen, hier zeigt sich eine vielfache Verwendung konstruktivistischen Gedankenguts. Wesentliche Teile der um sich greifenden Bildungsreform und Bildungsplanreform basieren auf konstruktivistischem Gedankengut. Der Schüler soll Kompetenzen erwerben, nicht der Lehrer Inhalte vermitteln, d.h., dass Lernzuwächse in erster Linie Kompetenzzuwächse darstellen.[114]. Auch in der systemischen Steuerung finden sich konstruktivistische Ansätze. Schulen erhalten einen hohen Autonomiegrad zugesprochen. Steuerungsanstrengungen vorzugsweise des Ministeriums oder Präsidiums können nur noch Steuerungen zur Selbststeuerung sein.

Trotz alledem ist, wie in anderen Disziplinen auch, die Skepsis gegenüber konstruktivistischen Theorien groß.[115] Dies resultiert u.a. aus der Ungeheuerlichkeit und Radikalität des konstruktivistischen Gedankenguts. Wer sich hingegen den Konstruktivismus auf seine Fahnen schreibt, liefert zumeist nur dessen Ergebnisse, Ideen- und problemge-

---

[114] Sander, W. Politik in der Schule. Kleine Geschichte der politischen Bildung. Lizenzausgabe für die Bundeszentrale für politische Bildung. Bonn 2003, S. 158.

[115] Zu guter letzt kann man die platonisch-aristotelische Debatte um Idealismus und Realismus/Empirismus als Ausgangspunkt für die Zustimmung oder Ablehnung hinsichtlich des Konstruktivismus sehen.

schichtliche Zusammenhänge werden, nicht eben selten aus Unkenntnis, verschwiegen. Wissenschaftshistorische Dimensionen sind bei Pädagogen selten zu finden, denn meistens gibt es kurze, deskriptivdiachrone Überblicke.

Der folgende Artikel möchte die skizzierten Desiderate abmildern helfen. Deswegen beginnt er mit einer wissenschaftshistorischen Erörterung, bei welcher der Deutsche Idealismus als Wegbereiter konstruktivistischen Gedankenguts identifiziert wird. Für wissenschaftstheoretische Reflexionen eignet sich das systemtheoretisch-biologische Autopoiesemodell der chilenischen Neurobiologen Maturana und Varela. Dieses dient zahlreichen Autopoieseverwendungen im Diskursgefüge als Vorlage. Abschließend wird konstruktivistisch-pädagogisches Gedankengut mit expliziten Verweisen auf die vorhergehenden Ausführungen vorgestellt. Die dort präsentierten Ergebnisse der konstruktivistischen Pädagogik und Didaktik dürften nun nicht überraschend oder gar beliebig anmuten.

2. Wissenschaftshistorische Reflexion: Idealismus als philosophische Fundierung von Autopoiese

Die philosophischen Wurzeln des radikalen Konstruktivismus und der "Theorie der Autopoiese" sind beim Deutschen Idealismus zu suchen, insbesondere Kant, Fichte und Schelling. Die Wurzeln des pädagogisch-konstruktivistischen Diskurses liegen dort.

2.1 Kants kopernikanische Wende der Transzendentalphilosophie

Die Philosophie Kants firmiert unter dem Etikett des Kritischen Idealismus und gilt als Wegbereiter des Deutschen Idealismus. Der Kantische Kritische Idealismus unterzieht die Erkenntnisvorgänge, wie sie sich im erkennenden Subjekt vollziehen, einer gründlichen Revision. Das bedeutet, er lässt die philosophierende Vernunft nicht in unbekannte Räume unserer Sinnenwelt schweifen, sondern er konzentriert die Aufmerksamkeit auf den Raum des Verstandes.[116] Es ist auf die Ähnlichkeit des Trends zur Säkularisierung zwischen Idealismus und Autopoiese hinzuweisen. Beide versuchen ohne transzendente Hilfskonstrukte weitgehende Erklärungskraft zu besitzen.[117] Es geht Kant um den Versuch einer Erklärung des hinter dem Wahrnehmbaren Liegenden durch den (reinen) Verstand.[118] Das Interesse der kantischen Vernunft mündet in den drei Fragen:

- ❖ was man wissen könne
- ❖ was man tun solle und
- ❖ was man hoffen dürfe.

Dabei ist die erste Frage spekulativ, die zweite praktisch und die dritte praktisch und theoretisch zugleich[119]. Darüber hinaus kann man Kants Transzendentalphysik als Metaphysik der Metaphysik bezeichnen und Metaphysik ist für Kant jede wissenschaftliche Erkenntnis, wenn sie genötigt ist, mit Begriffen über die empirische Erfahrung hinauszugehen. Dies ist der Fall, wo von Erkenntnis, überhaupt von Welt oder Wirklichkeit, von Sittlichkeit, Schönheit oder Geschichte gesprochen wird.[120] Der Intellekt entwirft sich ein Bild der Welt, die ihm als faktisch-real im Sinne von objektiv gegeben erscheint. Subjekttätigkeit zeitigt das Resultat der (Welt-) Schöpfung: "For we do not know nature but as the totality of appearances, i.e., of representations in us, and hence we can only derive the laws of its connexion from the principles of their in us, that is from the conditions of their necessary union in consciousness, which constitutes the possibility of experience."[121] Kant legt in der Kritik der reinen Vernunft den Grundstein des erkenntnistheoretischen Paradigmenwechsels mit dem Beweis, dass wir die Welt nicht erkennen, wie sie ist, sondern dass die Welt so erscheint, wie wir sie erkennen. Das erkennen-

---

[116] Steffen Dietzsch, Deutscher Idealismus, in: Peter Prechtl / Franz-Peter Burkhard, Metzler-Philosophie-Lexikon. Begriffe und Definitionen. Stuttgart 1999, S. 104.
[117] Immanuel Kant, Kritik der Urteilskraft. Hamburg 2003, S. 406.
[118] Immanuel Kant, Prolegomena. Illinois 1989, S. 134.
[119] Immanuel Kant, Kritik der reinen Vernunft. Hamburg 2003, S. 838 f.
[120] Volker Gerhardt, Kant, Immanuel, in: Metzler-Philosophen-Lexikon. Von den Vorsokratikern bis zu den neuen Philosophen. Stuttgart 1995, S. 439.
[121] Immanuel Kant, Prolegomena. Illinois 1989, S. 80.

de Bewusstsein ist nicht Abdruck der Welt, sondern die Welt Abdruck des menschlichen Bewusstseins.[122] Erkenntnis kann nicht die intuitive Schau einer unabhängig von uns existierenden Essenz sein, „sondern die begriffliche und subjektive Schematisierung eines raumzeitlich Gegebenen."[123] Es ist die „reine sinnliche Anschauung als Raum und Zeit, „welche Erkenntnis a priori, und zwar nur für Gegenstände der Sinne möglich machte."[124] Hier dürfte die Parallelität zur kognitiven Autonomie der Autopoiesetheorie evident werden. In diesen Zusammenhang gehört, dass die Quellen metaphysischer Wahrnehmung weder empirischen Ursprungs sein, noch von Experimenten abgeleitet werden können.[125]

Das Subjekt bringt also die Welt hervor. Es ist davon auszugehen, dass diese Welt gemäß der Subjektstruktur perzipiert und dass entlang diesen Gegebenheiten agiert werden kann. Dies entspricht den autopoietischen Merkmalen der Strukturdeterminiertheit und operationalen Geschlossenheit.[126] Dabei ist kritisch einzuwenden, dass bei Kant die subjektive Erkenntnis nicht identisch mit einer nicht-objektiven Erkenntnis ist, da das Bewusstsein der Menschen Struktur mäßig gleich angelegt ist. Somit kann man die Bedeutung der subjektiven Erkenntnis intersubjektiv verallgemeinern. Damit ist ein Unterschied zu den Prämissen der Autopoiesetheorie gegeben, da dort die Organisation des Lebendigen identisch, die Struktur aber unterschiedlich ist.[127] Dieser Unterschied wird bei Fichte ausgeräumt. Kant stellt fest, dass die Denkfunktion auf einer Aktivität beruht, deren Urheber das selbstbewusste Subjekt ist. Der Intellekt entwirft souverän ein Bild der Welt. Das Faktum entspringt der Tätigkeit der Subjektivität, so dass man sagen kann, es sei unsere Schöpfung.[128] Weitergehend wird spezifiziert, dass eine Relation zwischen Objektstruktur und der dazugehörigen Urteilsform existiert bzw.,

---

[122] Lothar Pikulik, Frühromantik. Epoche – Werke – Wirkung. München 2000 S. 34.
[123] Jean Grondin, Kant zur Einführung. Hamburg 1994, S. 48 f.
[124] Immanuel Kant, Kritik der praktischen Vernunft. Hamburg 2003, S. 58.
[125] Immanuel Kant, Prolegomena. Illinois 1989, S. 13.
[126] Vergleiche Axel Görlitz/Hans-Peter Burth, Politische Steuerung. Opladen 1998, S. 226.
[127] Axel Görlitz/Hans-Peter Burth, Politische Steuerung. Opladen 1998, S. 206 f.
[128] Manfred Frank, Einführung in die frühromantische Ästhetik. Frankfurt am Main 1989, S. 14.

dass das, was wir die Objekte nennen, nichts anderes „ist als das, worauf wir in unseren *wahren Urteilen* bezugnehmen."[129] Der Reiz der realen Dinge an sich wirkt als roher Stoff auf das Erkenntnisvermögen und die apriorischen Formen des Geistes ein und wird von diesem geformt. A priori bedeutet eine universelle Anwendungsmöglichkeit sowie eine transzendentale Ebene der Sinneswahrnehmung.[130] Wissenserwerb ist ein zusammengesetzter Vorgang und besteht nicht alleine in der Kenntnis der sensuellen Eindrücke. Die Verbindung von rationalen und empirischen Komponenten beim Wissenserwerb ist mit den Grundpositionen der "Theorie der Autopoiese" vereinbar, da der eigene Verstand als ratio und die Welt als empirisches Faktum aus dem eigenen Selbst geschaffen sind.

2.2 Fichtes Weltkonstituierung durch das Subjekt

Kant wird in der heutigen Diskussion als Wissenschaftstheoretiker gewürdigt. Allerdings ist es Fichte (in Umkehrung zu Kant) vorbehalten, "den Schwerpunkt des wissenschaftlichen Erkenntnisgewinns auf die deduktive Methode"[131] zu legen. Deshalb fordert Fichte, dass die Philosophie auf einem absoluten, selbstevidenten Satz beruhen muss, von dem sich alles weitere deduzieren lässt.[132] Stärker als Kant stellt Fichte das Subjekt in den Mittelpunkt. Ist der Mensch frei und selbstständig oder lediglich das Produkt bzw. die Erscheinung einer fremden Kraft?[133] Fichtes philosophisches System kann als Handlungssystem begriffen werden. Das Ich ist mit Wollen und Wissen identisch.[134] Fremdbestimmtheit des Subjektes wird negiert und der Versuch des Subjekts hervorgehoben, die herrschende Unendlichkeit auszufüllen.[135] Fichte radikalisiert

---

[129] Ebd., S. 14 f.
[130] Paul Carus, Kant's Philosophy, in: Immanuel Kant: Prolegomena. Illinois 1989, S. 186.
[131] Urban Wiesing, Kunst oder Wissenschaft? Konzeptionen der Medizin in der deutschen Romantik. Stuttgart-Bad Cannstatt 1995, S. 147.
[132] Ebd., S. 145.
[133] Johann Gottlieb Fichte, Die Bestimmung des Menschen. Hamburg 2000, S. 32.
[134] Wilhelm G. Jacobs, Johann Gottlieb Fichte, in: Johann Gottlieb Fichte: Grundlage der gesamten Wissenschaftslehre. Hamburg 1994, S. 51.
[135] Johann Gottlieb Fichte, Grundlage der gesamten Wissenschaftslehre. Hamburg 1994, S. 205.

Kant, indem er gegen die bis dato herrschende Lehre des Dogmatismus wettert, wonach der Mensch das Produkt äußerer Dinge und Verhältnisse ist. Fichte meint: "Ich und meine Welt sind das Produkt meiner freien Tätigkeit."[136] Er steigert die Bedeutung des Geistes, denn "er erschafft eine Welt aus dem Nichts; denn es gibt nur das Ich des Geistes. Durch dieses Ich entsteht die Welt."[137] Es gibt eine Übereinstimmung mit den Prämissen der Autopoieseaxiome kognitive Autonomie, Strukturdeterminiertheit und operationale Geschlossenheit. Denn wie können sich die Merkmale besser konkretisieren und verdeutlichen lassen als dadurch, dass das Subjekt Welt (als Objekt) hervorbringt und die Beschaffenheit des Objekts völlig abhängig von der strukturell unterschiedlich ausgeprägten Subjekttätigkeit ist.

Reflektiert das Bewusstsein sich selber und besinnt sich auf die Voraussetzungen der eigenen Möglichkeiten, so gewahrt es die eigene Ichheit (Thesis), welche nur denkbar ist in Verbindung mit einem Nicht-Ich (Antithesis als das, was Welt werden kann). Beide Schritte vollziehen sich subjektimmanent und somit mündet die Aufhebung des Widerspruchs in der Einheit des höheren Ichs (Synthesis). Dieses ist auch das absolute Ich.[138] Man darf das absolute Ich nicht mit dem Individuum gleichsetzen, wobei das Individuum aus dem absoluten Ich deduziert werden muss.[139] Pointiert formuliert Fichte, dass das (teilbare) Ich sich selbst setzt, welches sich wiederum ein teilbares Nicht-Ich entgegensetzt: „Das Streben des Ich kann nicht gesetzt werden, ohne daß ein Gegenstreben des Nicht-Ich gesetzt werde; denn das Streben des ersteren geht aus auf Kausalität, hat aber keine; und daß es keine hat, davon liegt der Grund nicht in ihm selbst, denn sonst wäre das Streben desselben kein Streben, sondern Nichts."[140] Die Subjekttätigkeit des Setzens und Entgegenset-

---

[136] Helmut Seidel, Fichte zur Einführung. Hamburg 1997, S. 47.
[137] Johannes Hirschberger, Kleine Philosophie Geschichte. Freiburg/Basel/Wien 1980, S. 156.
[138] Klaus Peter, Romantik, in: Eberhard Bahr (Hrsg.), Geschichte der deutschen Literatur. Von der Aufklärung bis zum Vormärz (2. Band) Tübingen/Basel 1998, S. 352.
[139] Wilhelm Jacobs, Einleitung, in: Johann Gottlieb Fichte, Grundlage der gesamten Wissenschaftslehre. Hamburg 1997, S. XI.
[140] Johann Gottlieb Fichte, Grundlage der gesamten Wissenschaftslehre. Hamburg 1997, S. 205.

zens mündet in einer (dialektischen) Synthese von Subjekt und Objekt als Ich und Nicht-Ich, wobei das Wissen des Ich und seine Reflexion aus der permanenten Dialektik von Setzen und Entgegensetzen besteht.[141] Es lässt sich folgern, dass der Geist als Tathandlung aufzufassen ist, welcher alles Reale, die Natur etc. als Wissen konstituiert. Das Sein als All der sich realisierenden Möglichkeiten in seiner Selbsterregung ist nicht materiell. Vielmehr ist es Geist haft und tritt ins Dasein als Erscheinung der Vielfalt seiner Möglichkeiten im Bewusstsein. Das Bewusstsein des Seins ist die Form, in der das Sein ins Dasein tritt und sich seine Möglichkeiten als Vielfalt der Erscheinungswelt und des Bewusstwerdenkönnens zur Anschauung und zum Wissen bringt.[142] In der Autopoiesetheorie sind Systeme selbstorganisierend und selbstherstellend. Dadurch wird systemimmanent Existenz und Objektbezug produziert. Fichte nennt dies Selbsterregung des Geistes, der weltproduzierend tätig ist. Die Konsequenz ist dieselbe, denn beide Male werden externe Objekte durch Subjekttätigkeit konstituiert. Den Anforderungen der Axiome Strukturdeterminiertheit und operationale Geschlossenheit wird in der Fichte'schen Philosophie Genüge geleistet. Über die objektive Existenz von Objekten (Nicht-Ichs) können lediglich Aussagen aus der Subjektstruktur getroffen werden können. Diese Überlegungen decken sich mit den Positionen des radikalen Konstruktivismus. Realität wird durch die Einbildungskraft hervorgebracht.[143] Bei Fichte ist Erkenntnis selbst gesetzt und das Subjekt kann agieren und niemals reagieren. Realitätsbeschaffenheit ist in der Subjektstruktur angelegt.

---

[141] Lothar Pikulik, Frühromantik. Epoche – Werke – Wirkung. München 2000, S. 37.
[142] Manfred Boin, Fichte, in: Metzler-Philosophen-Lexikon. Von den Vorsokratikern bis zu den neuen Philosophen. Stuttgart 1995, S. 277.
[143] Johann Gottlieb Fichte, Grundlage der gesamten Wissenschaftslehre. Hamburg 1997, S. 146.

2.3 Friedrich Schellings Subjekt-Objekt-Theorie

Dem Sprung von der Fichte'schen Bewusstseins- zu Schellings Naturphilosophie wird Methodik unterstellt.[144] Der frühe Schelling sagt, dass das Ich Weltenschöpfer ist. Natur erscheint als Symbol des Geists, welcher sich im Äußeren anschaut.[145] Die Perspektivierung verläuft bei Schelling anders, da gefragt wird, wie die Natur Anschauungsobjekt des Subjekts werden kann. Bei Schelling heißt es, dass die Natur deshalb Objekt für das erkennende Subjekt werden kann, weil sie das Werk eines in ihr bewusstlos wirkenden Subjekts ist, das in seiner Grundstruktur mit der des Ich übereinstimmt.[146] Schelling sieht, wie das Subjekt das Objekt fordert, dieses Objekt aber seine Berechtigung als wirkliches, vom Subjekt unabhängiges Objekt besitzt. Die Fundierung des Realitätsverständnisses ist aus dem dialektischen Spiel von Subjekt und Objekt heraus zu betrachten: "Alles Wissen beruht auf der Übereinstimmung eines Objektiven mit einem Subjektiven."[147] Andererseits drängt das Objekt zum Subjekt hin, weil es als dasjenige ohne Bewusstsein zur Bewusstwerdung drängt. Realitätskonstituierung ergibt sich aus einem Mehrebenenzwiespalt: "So gewiß also alles Wissen überhaupt auf jenem Gegensatz der Intelligenz und des Objekts beruht, so gewiß kann jener Gegensatz in keinem Objekt sich aufheben ... Die Intelligenz kann nie ins Unendliche sich ausbreiten, denn daran wird sie verhindert durch ihr Streben, in sich zurückzukehren. Sie kann aber ebensowenig absolut in sich selbst zurückkehren, denn daran verhindert sie jene Tendenz, das Unendliche zu sein."[148] Das Bewusstsein ist wie Natur als Abglanz des Geistes zu sehen. Durch die Fülle und den Reichtum der Natur wird ihre Objektivität und somit Differenz zum Ich bewiesen.

Die Natur ist als Leben und Seele zu betrachten und stellt einen Weg zum Geist dar, wobei dieser zur Natur finden kann. Natur ist in einem

---

[144] Peter Sloterdijk, Vorbemerkung, in: Michaela Boenke, Schelling. München 2001, S. 13.
[145] Walter Schulz, Einleitung, in. Friedrich Schelling, System des transzendentalen Idealismus. Hamburg 2000, S. XXI.
[146] Franz Josef Wetz, Schelling zur Einführung. Hamburg 1996, S. 31.
[147] Friedrich Schelling, System des transzendentalen Idealismus. Hamburg 2000, S. 9.
[148] Friedrich Schelling, System des transzendentalen Idealismus. Hamburg 2000, S. 149.

ständig belebten und tätigen Prozess und sie muss als lebendige Einheit gedacht werden: "Sie ist ein unendlich produktiver Organismus."[149] Daraus ergibt sich die Identität von Natur und Geist, welche die Identitätsphilosophie Schellings bestimmt. Subjekt ist Objekt, Realität ist Idealität. Natur ist sichtbarer Geist, Geist ist unsichtbare Natur. Das Viele fällt mit dem Einen, dem Absoluten zusammen.[150] Es ergibt sich eine gleichzeitige Wesenhaftigkeit des Ichs als Subjekt und Objekt.[151] Schellings anthropologisierte Identitätsphilosophie läuft später darauf hinaus, dass die Frau als Objekt sich vor das Subjekt des Mannes zur Anschauung drängt. Bei einer idealtypischen Vereinigung von Mann und Frau (also von Subjekt und Objekt) findet in einer mikrokosmischen Analogie die Vereinigung zum Absoluten und Allumfassenden hin statt. Bei Schelling verstärkt sich die Entfernung der geistigen Vaterschaft zur "Theorie der Autopoiese". Zwar können Bezüge zu den Prämissen der Autopoiesetheorie hergestellt werden. Zugleich bestehen inkommensurable Komponenten.

Schelling fordert höheres Wissen, welches durch die spekulative Naturphilosophie eruiert werden kann.[152] Michaela Boenke bemerkt evidente Parallelen zwischen der schellingschen Philosophie und dem modernen Selbstorganisationsdiskurs. Sie spricht zu Recht dem modernen Wissenschaftsparadigma die revolutionäre Radikalität ab. Bei der Selbstorganisation handelt es sich „um die Wissenschaft von sich selbst organisierenden Organisationen oder Systemen, die erklärt, wie durch elementare Wechselwirkung Ordnung entsteht und erhalten wird. Analog zu Schelling werden Natur und Erkennen begriffen als sich selbst organisierende Systeme."[153] Im autopoietischen Diskurs sind Wahrnehmungen alleine durch die Funktionsmechanismen des Gehirns erklärbar.

---

[149] Urban Wiesing, Kunst oder Wissenschaft? Konzeptionen der Medizin in der deutschen Romantik. Stuttgart-Bad Cannstatt 1995, S. 191.
[150] Johannes Hirschberger, Kleine Philosophie Geschichte. Freiburg/Basel/Wien 1980, S. 160.
[151] Walter Schulz, Einleitung, in: Friedrich Schelling, System des transzendentalen Idealismus. Hamburg 2000, S. XXVI.
[152] Urban Wiesing, Kunst oder Wissenschaft? Konzeptionen der Medizin in der deutschen Romantik. Stuttgart-Bad Cannstatt 1995, S. 143.
[153] Michaela Boenke, Über Schelling, in: Michaela Boenke, Schelling. München 2001, S. 36.

2.4 Der Radikale Konstruktivismus und die "Theorie der Autopoiese"

Die Bezüge zwischen Deutschem Idealismus und der systemtheoretisch-biologischen Autopoiesetheorie von Maturana und Varela blieben bisher weitgehend im Dunkeln.[154] Im Gegensatz dazu sind die Verbindungen zwischen Radikalem Konstruktivismus und Autopoiesetheorie bekannt. Maturana und Varela nehmen in ihren Schriften Bezug auf Erkenntnisse des Radikalen Konstruktivismus, z.B. in der Lesart von Ernst von Glasersfeld und Sigfried Schmidt. Systeme können agieren und nie reagieren. Dies bedarf der erkenntnistheoretischen Begründung: „Realität ist daher der Bereich der Gegenstände und folglich das, was als real eingegrenzt werden kann. Damit steht außer Frage, was Realität ist: ein Bereich, der durch Operationen des Beobachters bestimmt wird."[155] Man gelangt zur philosophisch-erkenntnistheoretischen Position des Radikalen Konstruktivismus, einer Position, „die in Fortsetzung skeptischer und konstitutionstheoretischer Überlegungen jegliche Form der Erkenntnis - einschließlich des Erkannten selbst - als Konstruktion eines Beobachters begreift. Erkennen meint nicht die passive Abbildung einer äußeren objektiven Realität, sondern bezeichnet einen Prozeß der eigenständigen Herstellung bzw. Konstruktion einer kognitiven Welt ... Die reale Welt als solche ist keine erfahrbare Wirklichkeit; Wirklichkeit ist vielmehr immer wahrgenommene, beobachtete, erfundene, also konstruierte Wirklichkeit."[156]

Glasersfeld fragt, was Radikaler Konstruktivismus ist. Seine Antwort lautet: „Einfach ausgedrückt handelt es sich um eine unkonventionelle Weise die Probleme des Wissens und Erkennens zu betrachten. Der Radikale Konstruktivismus beruht auf der Annahme, daß alles Wissen ... nur in den Köpfen von Menschen existiert und daß das denkende Subjekt sein Wissen nur auf der Grundlage eigener Erfahrung konstruieren

---

[154] Vgl. zu einem der wenigen Ansätze: Pia- Johanna Schweizer/Stefan Schweizer, Idealistisch geprägte Axiomatik des Selbstorganisationsparadigmas, in: Berichte zur Wissenschaftsgeschichte. Band 29 (1), S. 53-66.
[155] Humberto Maturana, Biologie der Sprache, in: Humberto Maturana: Biologie der Realität. Frankfurt am Main 2000, S. 132.
[156] Georg Kneer, Radikaler Konstruktivismus, in: Metzler-Philosophie-Lexikon. Begriffe und Definitionen. Stuttgart 1999, S. 487.

kann. Was wir aus unserer Erfahrung machen, das allein bildet die Welt, in der wir bewußt leben."[157] Der Radikale Konstruktivismus wird als spezieller Ansatz der konstruktivistischen Erkenntnistheorie aufgefasst. Es geht um die Auffassung dessen, was unter dem Begriff Realität zu verstehen ist. Allerdings ist diese Realität nicht mit dem Sein gleichzusetzen, sondern hängt mit Wissen zusammen[158] und Realität ist mit Individualität bzw. Subjektivität verbunden. Das Pochen auf Subjektgebundenheit der Erfahrung und des Wissens führt v. Glasersfeld zu einer Reihe von Konsequenzen.[159] Ein Merkmal des Radikalen Konstruktivismus[160] ist das Aufgeben einer Subjekt unabhängigen Realität.[161] Erkenntnistheorie wird so zu einer Theorie des Wissenserwerbs. Allerdings ist soziale Interaktion Realität.[162] Kognition dient der Organisation der Erfahrungswelt des Subjekts und nicht der Entdeckung einer Subjekt unabhängigen Realität. Wissen generiert sich subjektabhängig und ist niemals alleine Gegenstand passiver Rezeption: "Wissen wird vom denkenden Subjekt aktiv aufgebaut."[163] Kognition ist ein mentales Anpassungsinstrument, deren Zweck in der Konstruktion viabler[164] begrifflicher Strukturen besteht. Fortschritt des menschlichen Wissens lässt sich als Evolution bestimmen und nicht als approximative Bewegung zu einer Wahrheit

---

[157] Ernst von Glasersfeld, Radikaler Konstruktivismus. Ideen, Ergebnisse, Probleme. Frankfurt am Main 1997, S. 22.
[158] Ernst von Glasersfeld, Drittes Siegener Gespräch über Radikalen Konstruktivismus, in: Ernst von Glasersfeld, Radikaler Konstruktivismus. Ideen, Ergebnisse, Probleme. Frankfurt am Main 1997, S. 324.
[159] Siegfried Schmidt, Vorwort, in: Ernst von Glasersfeld: Radikaler Konstruktivismus. Ideen, Ergebnisse, Probleme. Frankfurt am Main 1997, S. 12.
[160] Zum Folgenden vergleiche Siegfried Schmidt, Vorwort, in: Ernst von Glasersfeld, Radikaler Konstruktivismus. Ideen, Ergebnisse, Probleme. Frankfurt am Main 1997, S. 12 f.
[161] Wieder wird deutlich, dass die Bezüge zum Deutschen Idealismus in dieser basalen Annahme nicht von der Hand zu weisen sind.
[162] In diesem Punkt ist also der radikale Konstruktivismus näher als der Idealismus an der "Theorie der Autopiese", die genau den sozialen Interaktionsbereich herausstreicht!
[163] Ernst von Glasersfeld, Radikaler Konstruktivismus. Ideen, Ergebnisse, Probleme. Frankfurt am Main 1997, S. 96.
[164] Der Begriff der Viabilität ersetzt bedeutungsneutral den Begriff des Überlebens.

hin. Die Funktion der „Kognition ist adaptiver Art, und zwar im biologischen Sinne des Wortes, und zielt auf Passung oder Viabilität."[165]

Kennzeichen des Radikalen Konstruktivismus ist, dass die Bedeutung sprachlicher Ausdrücke als Resultat individueller Erfahrungen eingeschätzt werden und Kommunikationsbedeutungen erst durch die Kommunikationspartner und ihrem Bemühen, in ihrer Kognition Bedeutungen zu konstruieren, entstehen. Hinsichtlich des Lernens gilt, dass die Kunst des Lehrens darin bestehen muss, die Kunst des Lernens aufzubauen: „Konstruktivisten ... betrachten alles Wissen als instrumental. Als erstes sollten daher dem Lernenden die Gründe vermittelt werden, warum bestimmte Weisen des Handelns und Denkens als wünschenswert betrachtet werden. Daraus folgt notwendig die Erklärung der spezifischen Zusammenhänge, in denen das zu erwerbende Wissen angeblich funktionieren soll."[166] Die Kunst des Lehrens hat wenig mit der Übertragung von Wissen zu tun, „ihr grundlegendes Ziel muß darin bestehen, die Kunst des Lernens auszubilden."[167] Alle Verantwortung liegt im Individuum. Dieser Punkt erinnert an die geistesgeschichtlich-philosophische Haltung des Idealismus. Subjektorientierte Erkenntnistheorie ist synonym mit empirischer Kognitionstheorie, denn der Radikale Konstruktivismus kann sich nur instrumentell bei der Problemlösung via Viabilität als wahr erweisen. Praktisches Überleben entscheidet über Brauchbarkeit von Erkenntnis und Evolution. Ähnlichkeiten zu Maturanas evolutionsbiologischem Verständnis des Begriffs des Driftens sind offensichtlich. Es gilt auf die Anschlussfähigkeit des Selbstorganisationsdiskurses mit neueren wissenschaftlichen Entwicklungen hinzuweisen, nämlich z.B. innerhalb der Neurophysiologie, was weiter unten aufgegriffen wird. Entscheidungsprozesse im Gehirn sind selbst- und netzwerkartig organisiert.[168] Begriffe wie Realität und Wahrheit besitzen relative Bedeutung.[169]

---

[165] Ernst von Glasersfeld, Radikaler Konstruktivismus. Ideen, Ergebnisse, Probleme. Frankfurt am Main 1997, S. 96.
[166] Ebd., S. 284.
[167] Ebd., S. 309.
[168] Wolfgang Singer, Der Beobachter im Gehirn. Frankfurt am Main 2002, S. 168 f.
[169] Gerhard Roth, Das Gehirn und seine Wirklichkeit. Frankfurt am Main 1997, S. 314 ff.

3. Wissenschaftstheoretische Reflexion:
Systemtheoretisch-biologische Theorie der Autopoiese

Die Axiomatik der Autopoiesetheorie lautet, dass alle lebenden Systeme per definitionem autopoietische, d.h. sich selbst organisierende Systeme sind. Leben ist ohne externale Einflüsse denkbar. Es kann von einer Säkularisierung bzw. Enttranszendierung des Lebens gesprochen werden. Maturana und Varela beschreiben Selbstorganisation so: "Unser Vorschlag ist, daß Lebewesen sich dadurch charakterisieren, daß sie sich - buchstäblich - andauernd selbst erzeugen. Darauf beziehen wir uns, wenn wir die sie definierende Organisation autopoietische Organisation nennen"[170]. Damit steht fest, dass lebende Systeme dieselbe Organisation(-sform) besitzen: "Unter Organisation sind die Relationen zu verstehen, die zwischen den Bestandteilen von etwas gegeben sein müssen, damit es als Mitglied einer bestimmten Klasse erkannt wird."[171] Autopoietische Organisation definiert die Einheit des Systems definiert.[172] Die Organisation ist für die Selbstherstellung verantwortlich. Sie ist bei allen Lebewesen gleich und konstituiert die Einheit des Systems. Hinsichtlich der Struktur unterscheiden sich die Systeme. Es verwundert nicht, wenn die Differenz zwischen Organisation und Struktur als grundlegend beschrieben wird. Die antagonistischen Komponenten der Invarianz und Dynamik kommen ins Spiel: "Die Unterscheidung zwischen Organisation und Struktur war für mich [...] eine grundlegende Unterscheidung, die es uns erlaubt zu unterscheiden, was invariant ist und was sich verändern kann in einem System."[173] Die variante Struktur heißt Bestandteil, die in konkreter Weise eine Einheit konstituieren und ihre Organisation verwirklichen.[174] Die Struktur ist variabel: "Die Autopoiese ereignet sich als ein dynamischer Prozeß, der nicht durch eine statische und momentbe-

---

[170] Humberto Maturana/Francisco Varela, Der Baum der Erkenntnis. München 1992, S. 50 f.
[171] Humberto Maturana/Francisco Varela, Der Baum der Erkenntnis. München 1992, S. 54.
[172] Ulrich Druwe, Politische Theorie. Neuried 1995, S. 349.
[173] Humberto Maturana, Einführung, in: Humberto Maturana, Biologie der Realität. Frankfurt am Main 2000, S. 20.
[174] Humberto Maturana/Francisco Varela, Der Baum der Erkenntnis. München 1992, S. 54.

zogene Betrachtung der Verteilung ihrer Bestandteile erfaßt werden kann. Ein lebendes System existiert daher nur durch die kontinuierlichen strukturellen Transformationen, wie sie von seiner Autopoiese gefordert werden, und nur so lange, wie diese in der Konstitution ihrer Ontogenese bewahrt werden [...] Ein lebendes System kann in vielen verschiedenen, sich verändernden, dynamischen Strukturen verwirklicht werden."[175] Die Organisation des Lebendigen ist identitätskonstituierend und invariant. Organisation und Struktur können so beschrieben werden: "Ein Lebewesen ist durch seine autopoietische Organisation charakterisiert. Verschiedene Lebewesen unterscheiden sich durch verschiedene Strukturen, sie sind aber in Bezug auf ihre Organisation gleich."[176]

Ein Vergleich von autopoietischen Systemen, wie z.B. Fischen und Menschen ergibt: Beide Male handelt es sich um lebende Systeme, die hinsichtlich ihrer autopoietischen Organisation und der damit verbundenen organisationellen Geschlossenheit identisch sind. Bezüglich des Punktes der Struktur gibt es Unterschiede. Der Fisch benötigt andere mediale Basen als der Mensch, um autopoietisch existieren zu können. Folgende Axiome spezifizieren die systemtheoretisch-kybernetische "Theorie der Autopoiese". Die Darstellung in 11 Punkten dient der Übersichtlichkeit:

1. Autopoietische Organisation ist bei lebenden Systemen vorhanden und definiert die Einheit des Systems. Organisation aller autopoietischen Systeme ist identisch und diese Organisation erlaubt eine Distinktion zur Umwelt. Für lebende Systeme gilt: "Lebende Systeme sind als autopoietische Systeme strukturdeterminierte Systeme, und alles, was für strukturdeterminierte Systeme gilt, gilt auch für sie. Das bedeutet im besonderen, dass alles, was in einem lebenden System geschieht, im faktischen Operieren der Eigenschaften seiner Bestandteile gemäß ihren Beziehungen der Nachbarschaft (Relationen der Kontiguität) geschieht, die selbst durch eben dieses Operieren hergestellt werden. Begriffe der Steuerung und der Regelung spiegeln daher keinerlei faktische Operati-

---

[175] Humberto Maturana, Ontologie des Beobachtens, in: Humberto Maturana, Biologie der Realität. Frankfurt am Main 2000, S. 183.
[176] Humberto Maturana/Francisco Varela, Der Baum der Erkenntnis. München 1992, S. 55.

onen in der strukturellen Verwirklichung eines lebenden Systems und können dies auch nicht, da sie nicht mit konkreten Relationen der Kontiguität verknüpft sind."[177] Es fällt auf, dass die autopoietische Organisation der lebenden Systeme Implikationen auf deren Verhältnis zur Umwelt besitzt. Das Axiom ermöglicht die Abgrenzung des autopoietischen Systems zur Umwelt, zu der Beziehungen mit dem Begriff der Relationenkontiguität belegt wird.

2. Bestandteile und Relationen zwischen den Bestandteilen konstituieren autopoietische Systeme. Die "Theorie der Autopoiese" fragt nach der Art und Weise der Systemorganisation.[178]

3. Zwischen Bestandteilen gibt es dreierlei Relationstypen: die Konstitutions-, Spezifitäts- und Ordnungsrelation. (1) Die räumliche Ausdehnung des Systems wird durch die Konstitutionsrelation erzeugt. (2) Die Identität des Systems wird von der Spezifitätsrelation bestimmt. (3) Kontrolliert wird der (autopoietische) Prozess durch die Ordnungsrelation.

4. Das vierte Axiom besagt: Autopoietische Systeme sind organisationell geschlossen, da Bestandteile Relationen und Relationen Bestandteile erzeugen. Es ist die zirkuläre Kausalität, welche das System erzeugt. Das System organisiert sich, ja es stellt sich selbst her. Permanent finden Zustandserzeugungen und Zustandserneuerungen innerhalb und während des autopoietischen Prozesses statt, da ansonsten die Systemexistenz gefährdet ist. Der Charakter der zirkulären Organisation autopoietischer Systeme bürgt dafür, dass Umwelt (-einflüsse) - vor allem als allopoietische bzw. mediale Basen - sich zwar als bestandsnotwendig erweisen, aber nicht als solche wahrgenommen werden.

5. Die autopoietische Organisation konkretisiert die Systemstruktur. Diese ist von allopoietischen bzw. medialen Basen abhängig, Luft als Medium zum Atmen, andere Menschen als Bestands- und Entwicklungsnotwendigkeit. Deswegen gilt: "Lebende Systeme sind Interakti-

---

[177] Maturana, H., Ontologie des Beobachtens, in: Humberto Maturana: Biologie der Realität. Frankfurt am Main 2000, S. 182.
[178] Vgl. hierzu Bergmann, A., Erklärungspragmatik und politische Steuerung. Berlin 2001, S. 199.

onseinheiten. Sie existieren in einer Umgebung."[179] Medien sind allo- und autopoietisch. Menschen brauchen nicht nur Luft (allopoietisch), sondern Menschen zum Leben. Beides sind in diesem Sinne Medien.

6. Zwischen autopoietischen Systemen und medialen Basen finden strukturelle Kopplungen statt. Dabei ist eine Übereinstimmung nötig: "Ein lebendes System existiert entweder als ein dynamisches strukturdeterminiertes System in struktureller Koppelung mit dem Medium ... oder es existiert überhaupt nicht. Oder mit anderen Worten, ein lebendes System ist, so lange es lebt, notwendig in dynamischer Übereinstimmung mit dem Medium, wenn es in seinem Existenzbereich operiert."[180] Wäre eine mediale Basis für den Menschen nicht Sauerstoff, so gäbe es den Menschen in vorherrschender Struktur nicht.

7. Zwischen autopoietischem System und Medium finden strukturelle Kopplungen statt. Bei struktureller Komplementarität kommen Wechselwirkungen zustande. Strukturelle Kopplungen besitzen zustandsverändernde Systemauswirkungen. Dieses Axiom verweist auf die enge Wechselwirkung zwischen autopoietischem System und Umwelt sowie auf die Besonderheit struktureller Kopplungen. Koevolution heißt Komplementarität: "Wechselwirkungen kommen nur zustande, wenn Medium und System strukturelle Komplementarität aufweisen. Der biologische Begriff "Koevolution" verdeutlicht komplementäre, rekursive Beziehungen. Das Medium stimuliert Aktionen des autopoietischen Systems und diese bewirken umgekehrt Aktionen des Mediums."[181]

8. Die Struktur autopoietischer Systeme determiniert die in Sieben angesprochenen Zustandsveränderungen. Das bedeutet, dass äußere Einflüsse sich dem System als Perturbationen darstellen. Autopoietische Systeme interpretieren die Umwelt selektiv zu ihrer Struktur. Interne Strukturwandel können nicht extern determiniert werden. Kognition und Autopoiese sind identisch. Leben ist Kognition und umgekehrt.

---

[179] Maturana, H., Biologie der Kognition, in: Humberto Maturana: Biologie der Realität. Frankfurt am Main 2000, S. 26.
[180] Maturana, H., Ontologie des Beobachtens, in: Humberto Maturana: Biologie der Realität. Frankfurt am Main 2000, S. 183.
[181] Burth, H.P., Steuerung unter der Bedingung struktureller Koppelung. Opladen 1999, S. 162.

Wahrgenommene Reize sind selbst produziert. Alles, was das System dazu veranlasst zu agieren, ist im System zu veranschlagen. Ein "strukturdeterminiertes System ist ein System, in dem alles, was geschieht, als struktureller Wandel geschieht ... Das bedeutet, daß die Strukturveränderungen eines strukturdeterminierten Systems im Gefolge einer Interaktion nicht von außen festgelegt werden können. Ein externes Agens, das mit einem strukturdeterminierten System interagiert, kann in diesem Strukturveränderungen nur auslösen, sie werden jedoch vom System selbst festgelegt."[182] Für autopoietische Systeme stellt sich nicht die Frage einer Distinktion zwischen inneren und äußeren Einflüssen. Einflüsse sind als systemimmanent produziert.

9. Befindet sich innerhalb des Mediums ein weiteres autopoietisches System und bilden sich zwischen autopoietischen Systemen dauerhafte Interaktionen heraus, so liegen konsensuelle Bereiche vor. Konsensuelle Bereiche entstehen durch strukturelle Kopplungen. Dabei scheint aus der Beobachterperspektive, dass sich die Zustandsveränderungen der beiden Systeme gegenseitig determinieren und Interaktion entsteht. Die autopoietischen Systeme agieren aber.[183]

10. Sind in den konsensuellen Bereichen erster Ordnung zwischen autopoietischen Systemen Handlungskoordinationen sprachlicher Art möglich, so entsteht ein konsensueller Bereich zweiter Ordnung. Zum Phänomen der Sprache heißt es: "Als biologisches Phänomen besteht die Sprache aus einem Fließen in immer wiederkehrenden Interaktionen, welche ein System konsensueller Verhaltenskoordinationen von konsensuellen Verhaltenskoordinationen ausbilden ... Daraus ergibt sich, daß die Sprache als Prozeß nicht im Körper (Nervensystem) der an ihr Teilnehmenden stattfindet, sondern in jenem Bereich konsensueller Verhaltenskoordinationen, die sich im Fließen ihrer wiederholten körperlichen Begegnungen ausdrückt."[184] Sprache ist als nicht systemimmanent (Nervensystem) zu verankern, sondern läuft im Bereich der konsensuellen

---

[182] Maturana, H., Realität, in: Humberto Maturana: Biologie der Realität. Frankfurt am Main 2000, S. 244 f.
[183] Vgl. hierzu Görlitz, A., Burth, H.-P., Politische Steuerung. Opladen 1998, S. 209.
[184] Maturana, H., Ontologie des Konversierens, in: Humberto Maturana: Biologie der Realität. Frankfurt am Main 2000, S. 362.

Verhaltenskoordinationen der autopoietischen Systeme. Für in Sprache befindliche Systeme ist es möglich, zwischen "innen" und "außen" zu unterscheiden. Durch den Bereich der Sprache wird menschliches Bewusstsein und menschliche Identität erzeugt Auf menschliche Kommunikation bezogen ist die Verwendung von Sprache von Bedeutung: "Menschen operieren als lebende Systeme in Sprache, d.h. in einem Bereich der rekursiven reziproken konsensuellen Störeinwirkungen, der ihren Bereich der Existenz schlechthin konstituiert. Sprache ist daher als ein Bereich der rekursiven konsensuellen Koordinationen von Handlungen ein Bereich der Existenz und als solcher ein kognitiver Bereich, der durch die Rekursion konsensueller Unterscheidungen in einem Bereich konsensueller Unterscheidungen definiert wird."[185] Sprache ermöglicht autopoietischen Systemen ein bewusstes Operieren in einem dadurch festgelegten Existenzbereich. Oder frei nach Wittgenstein ließe sich formulieren, dass die Welt des Menschen die Welt seiner Sprache ist.

11. Autopoietische Systeme höherer Ordnung können durch lang anhaltende strukturelle Kopplungen gebildet werden. Wichtig ist die Distinktion, dass die Beziehungen bei gekoppelten autopoietischen Systemen als Teileinheiten eines Systems höherer Ordnung von einem Beobachter als allopoietisch beschrieben werden können, weil die Teilsysteme im Kopplungsprozess eine Funktion für das übergeordnete System erfüllen, sich aber eigentlich nur in einem autopoietischen Prozess der Systemerhaltung befinden. Aus den Theorien des Lebens und der Kognition werden die prozessuale und kognitive Autonomie autopoietischer Systeme abgeleitet. Ersteres Merkmal weist auf eine Theorie dynamischer Systeme hin, zweites manifestiert sich in der Kybernetik zweiter Ordnung.[186]

---

[185] Maturana, H., Ontologie des Beobachtens, in: Humberto Maturana: Biologie der Realität. Frankfurt am Main 2000, S. 202.
[186] Vgl. Burth, H.-P., Steuerung unter der Bedingung Struktureller Koppelung. Opladen 1999, S. 206.

4. Kognitionswissenschaft, Interaktionspsychologie und empirische Pädagogik

Für wissenschaftliche Theorien und schulisches Wissen gilt, was (sogar) einer der momentan führenden deutschen Soziologen und vehementen Verfechter des methodologischen Individualismus und Gegner des Konstruktivismus eingesteht: "Und daß Wahrnehmungen wie Theorien nichts als Konstruktionen des Gehirns bzw. der Gehirne der Wissenschaftler sind – erst einmal ganz unabhängig von einer irgendwie gearteten "objektiven" Wirklichkeit und nur entlang der inneren Prozesse und Reproduktionsbedingungen, der *Autopoiesis*, der Selbstkonstruktionen der Gehirne und der sie tragenden Organismen."[187]

Damit einher geht die Aufgabe der Vorstellung einer Subjekt unabhängigen Realität.[188] Der pädagogische Diskurs hat viele Erkenntnisse aus dem oben skizzierten konstruktivistisch-autopoietischen Diskurs adaptiert.[189] Leider legen die wenigsten Autoren pädagogischer Schriften diese Bezüge offen, sieht man einmal von leider selten anzutreffenden Ansätzen ab.[190] Außerdem gibt es inzwischen auch im deutschen didaktisch-pädagogischen Diskurs Ansätze, welche eine differenzierte Analyse des Phänomens Konstruktivismus vornehmen.[191] Vor dem oben skizzierten Hintergrund dürften viele der nun folgenden Ergebnisse nicht überraschen, vielmehr selbsterklärend sein. Zudem dürfte der dem pädagogisch-konstruktivistischen Diskurs bisweilen anhaftende Makel der Beliebigkeit und Nicht-Nachvollziehbarkeit hinfällig werden. Einer der Ansätze, die sich aus konstruktivistisch-autopoietischem Gedankengut speist, ist der Ansatz der situierten Kognition. Dieser Ansatz betont zwei Merkmale, welche in anderen lernpädagogischen Theorien, nicht denselben Grad an Aufmerksamkeit erfahren. Es handelt sich dabei zum

---

[187] Hartmut Esser, Soziologie. Allgemeine Grundlagen. Frankfurt am Main 1999, S. 54.
[188] Siegfried Schmidt, Vorwort. Frankfurt am Main 1997, S. 12 f.
[189] Zum Folgenden vgl. Back-Haas, A., Konstruktivismus als didaktischer Aspekt der Berufsbildung, in: Bonz, B. (Hrsg.), Didaktik der beruflichen Bildung, Baltmannsweiler 2001, S. 220-238.
[190] Vgl. Heinz v. Foerster, (Hrsg.), Einführung in den Konstruktivismus, Zürich 1985.
[191] Vgl. Pongratz, L., Untiefen im Mainstream. Zur Kritik konstruktivistisch-systemtheoretischer Pädagogik, Giessen 2005.

ersten um die Einbeziehung der Situiertheit des Lernens. Damit wird konkret danach gefragt, in welcher Situation und in welchem Umfeld sich Lernen individuell bei jedem der Lernenden vollzieht. Dieser Aspekt wird durch eine übergeordnete Sichtweise komplettiert. Soziale, kulturelle und historische Kontexte müssen zum zweiten berücksichtigt werden. Was sich banal anhört, ist in seiner Relevanz allerdings kaum zu überschätzen. Häufig wird aus eurozentristischer Perspektive in der Tradition der Aufklärung vom Lernen als Eigenwert gesprochen. Lebenslanges Lernen besitzt dann eine kaum zu überbietende Wertigkeit. Lernen ist aber kontingent. Die Erziehungswissenschaft „kann im Grunde nur jene „Konstruktionen" aufarbeiten, d.h. alle Mythen und Wissensfragmente, auf die die Pädagogik stolz ist."[192]

Zudem unterliegt Lernen synchronen und diachronen Bedingungen. Man stelle sich Lernen in einer Kultur vor, in der es die Bestimmung der Frau ist, Haus und Hof zu führen, (männliche) Kinder zu gebären und dem Mann zu dienen. Welche Wertigkeit besitzt Lernen hier für Frauen? Kann man sinnvoll vom Wert des Lernens in einem afrikanischen Flüchtlingslager sprechen? Wie verhält es sich mit Schulunterricht in Konzentrationslagern? Aus den oben ausgeführten Punkten ergeben sich bestimmte Anleitungen, welche für die Disziplin der Pädagogik einschlägig sind. Bei der Frage nach der Situiertheit von kognitiven Vorgängen gilt es physikalisch-soziale Kontexte des Denkenden einzubeziehen. Dabei kann unter physikalisch-sozialem Kontext das Umfeld des Schülers gemeint sein. Wächst dieser in einer kleinen Sozialwohnung auf? Liegt diese Sozialwohnung in einem sozial schwachen Milieu mit Merkmalen der Jugendbanden, Kriminalität, Alkoholismus und Arbeitslosigkeit? Mit wem wächst der Schüler auf? Wie sehen seine sozialen Kontakte aus? Zudem bezieht sich dieser Aspekt auf die physische Beschaffenheit des Individuums. Welche physischen und psychischen Voraussetzungen sind gegeben? Neben der physikalisch-sozialen Situiertheit des Lernenden spielen persönliche und soziale Epistemologien eine Rolle. Dies bedeutet, dass die Überzeugungen und Auffassungen zwischen der Gruppe und dem Individuum differieren können. Diese Differenzbildung und ihre

---

[192] Gudjons, H., Pädagogisches Grundwissen. Bad Heilbrunn 2001, S. 47.

Bewusstmachung verbürgen für den individuellen wie kollektiven Lernprozess.

Damit ist das Interaktionsverhältnis von Individuum und Gruppe für die Prägung des Lernprozesses zuständig. Einen weiteren Punkt stellt die sogenannte konzeptuelle Kompetenz dar. Diese besagt, dass Individuen zu bewusstem Lernen fähig sind. Alle drei genannten Aspekte setzen ein teilautonomes Individuum voraus. Noch zutreffender erweisen sich alle drei genannten Komponenten bei der Annahme eines autopoietischen Individuums. Der Mensch ist aufgrund seiner Struktur und Organisation alleine für seine Lernprozesse verantwortlich: "Danach ist das Subjekt (als lebendes System) alleiniger Urheber des Wissens, seiner Konstitution und Konstruktion. Der Mensch konstruiert seine Welt, in der er lebt, selbstreferentiell und autopoietisch."[193] Diese didaktisch-pädagogische Prämisse enthebt nicht Staat, Schule und Lehrende ihrer Verantwortung für die Bildung ihrer autopoietisch organisierten Schüler/innen bzw. Bürger/innen. Vielmehr müssen sie den Schüler/innen in ihrem autopoietischem Rahmen Lernprozesse ermöglichen. Somit lässt sich die aktuelle Quintessenz der Pädagogik dahingehend zusammenfassen: Lehrer müssen nicht mehr Sachinhalte vermitteln, sondern sie sind für die Organisation von Lernprozessen verantwortlich. Damit ist die Verlagerung des Analysefokus auf den Schüler im Rahmen der letzten Bildungsplanreformen umrissen. Autopoietische Systeme gestalten ihre Lernprozesse selber. Aufgabe und Ziel ist es, jeden Schüler in seiner autopoietisch-selbstreferentiellen Struktur und Organisation zu erreichen. Kaum einer der Bildungsplanreformatoren oder Pädagogen stellt aber die ideen- und problemgeschichtlichen Bezüge zum Deutschen Idealismus, dem Konstruktivismus oder der systemtheoretisch-biologischen Autopoiesetheorie her. Es ist offensichtlich, dass die konstruktivistische Pädagogik insbesondere da eingreifen muss, wo der Behaviorismus an seine Grenzen stößt. Mit seinem ursprünglichen Reiz-Reaktionsmechanismus[194] ist er schnell an Erklärungsgrenzen im prädikativen, deskriptiven und kausalanalytischen Bereich gestoßen. Die Integration des Objekts als Black

---

[193] Gudjons, H., Pädagogisches Grundwissen. Bad Heilbrunn 2001, S. 46 f.
[194] Peter Prechtl, Behaviorismus, in: Peter Prechtl / Franz-Peter Burkhard, Metzler-Philosophie-Lexikon. Begriffe und Definitionen. Stuttgart 1999, S. 69.

Box (Stimulus-Organism-Response) hat diesem Theoriendefizit wenig abgeholfen. In dieser Lücke gelingt es der konstruktivistischen Didaktik sich zu platzieren. Ein wesentlicher Ansatzpunkt im Entstehungszusammenhang des Konstruktivismus bestand im Problem des trägen Wissens. Träges Wissen meint in der Regel durch Frontalunterricht zusammenhangslos vermitteltes Wissen, welches keine vernetzte Anbindung erfahren kann. Hier kommt die Netzwerkmetapher ins Spiel, wie sie beispielsweise von den Neurophysiologen Singer und Roth verwendet wird. Bei der Entstehung von Entscheidungsprozessen im Gehirn betrachtet Singer diese als selbst- und netzwerkartig organisiert.[195]

In der (radikal-) konstruktivistischen Variante wird die Relativität von Begriffen wie Realität, Wahrheit etc. konnotiert.[196] Vor dem oben skizzierten Hintergrund verwundern die von der harten und empirisch ausgerichteten Neurophysiologie getroffenen Ergebnisse nicht. Es gibt "ebensoviele individuelle Wirklichkeiten, wie es reale Gehirne gibt."[197] Jedes Gehirn produziert gemäß seiner autopoietischen und selbstreferentiellen Organisation eine eigene Realität. Jegliche Wahrnehmungsprozesse sind selbstorganisierend.[198] Die Organisationsform ist dieselbe, nämlich autopoietisch. Die Struktur der Menschen kann allerdings variieren. Dies haben uns die wissenschaftstheoretischen Reflexionen des systemtheoretisch-kybernetischen Selbstorganisationsmodells gelehrt. Die konstruktivistische Pädagogik versucht das Problem des trägen Wissens zu beheben. Dabei leitet die Einsicht, dass die externen Reize des frontal unterrichtenden Lehrers bei den Schülern als autopoietisch geschlossenen Systemen in Form von Perturbationen nicht ankommen. Vielmehr muss der Lehrer die Rahmenbedingungen und das Parameterset des Schülers so organisieren, dass dieser selber, gemäß seiner Struktur und Organisation lernend agieren kann. Die Aufgabe des Lehrers besteht nach der Auffassung der konstruktivistischen Pädagogik besteht

---

[195] Wolf Singer, Der Beobachter im Gehirn. Franlfurt am Main 2002, S. 168 f.
[196] Gerhard Roth, Das Gehirn und seine Wirklichkeit. Frankfurt am Main 1997, S. 314 ff.
[197] Gerhard Roth, Das Gehirn und seine Wirklichkeit. Frankfurt am Main 1997, S. 333.
[198] Wolf Singer, Der Beobachter im Gehirn. Frankfurt am Main 2002, S. 167.

in der Konstruktion von Lernarrangements, welche den Schülern den Freiraum geben, ihre eigenen Lernwege zu beschreiten.[199]

Ein maßgeblicher Zielpunkt der konstruktivistischen Pädagogik ist demnach die Erhöhung der Transferfähigkeit. Transferfähigkeit ist der Gegenpart zu trägem Wissen. Vor dem Hintergrund dieser Ausführungen versteht es sich, dass der Lehrende nicht mehr im Mittelpunkt des Unterrichtsgeschehens stehen darf. Der Lehrer ist vielmehr Moderator des Unterrichtsgeschehens. Es obliegt seiner Tätigkeit den Unterricht zu organisieren. Da Selbststeuerung das zentrale Merkmal lernender Systeme ist, fragt sich, ob und ggf. wie Lernende Systeme gesteuert werden können.[200] Lernen gilt im Konstruktivismus als „konstruktive Leistung der Individuen [...], die von Lehrenden angeregt und begleitet, nicht aber gesteuert werden kann. Zur professionellen Aufgabe von Lehrenden gehört es dann, solche *Lernumgebungen* zu planen, die erfolgreiches Lernen ermöglichen und dieses Lernen zu *begleiten*."[201]

Außerdem gilt: „Wenn Lernen als „Selbstentwicklung eines kognitiven Systems" (Aufschnaiter) verstanden wird, können Eigenverantwortung und aktive innere Verarbeitung gar nicht wichtig genug genommen werden."[202] Die alte Vorstellung der Fremdsteuerung zu revidieren. Vielmehr muss man Fremdsteuerung durch reflexive Selbststeuerung ersetzen.[203] Steuerung kann demnach noch aus der Steuerung zur Selbststeuerung bestehen. Ansonsten wäre der Lehrende hinfällig. Seine Funktion kann nur in der Impulssetzung bestehen. Der Impuls ist die Initialzündung zu den Selbststeuerungsprozessen. Aus diesen theoretischen Prämissen

---

[199] Huwendiek, V., Didaktik: Modelle der Unterrichtsplanung, in: Huwendiek, V., Bovet, G., (Hrsg.), Leitfaden Schulpraxis. Pädagogik und Psychologie für den Lehrberuf. Berlin 2000, S. 36.

[200] Zum Paradox der Steuerung autopoietisch geschlossener Einheiten vgl. Stefan Schweizer, Politische Steuerung selbstorganisierter Netzwerke.

[201] Sander, W. Politik in der Schule. Kleine Geschichte der politischen Bildung. Lizenzausgabe für die Bundeszentrale für politische Bildung. Bonn 2003, S. 157.

[202] Huwendiek, V., Didaktik: Modelle der Unterrichtsplanung, in: Huwendiek, V., Bovet, G., (Hrsg.), Leitfaden Schulpraxis. Pädagogik und Psychologie für den Lehrberuf. Berlin 2002, S. 36.

[203] Back-Haas, A., Konstruktivismus als didaktischer Aspekt der Berufsbildung, in: Bonz, B. (Hrsg.), Didaktik der beruflichen Bildung, Baltmannsweiler, 2001, S. 225.

lassen sich einige Bedingungen für Lernumgebungen ableiten. Der pädagogisch-konstruktivistische Ansatz erfordert möglichst hohe Freiheitsgrade für den Lernenden. Erst dieses Maß an Autonomie ermöglicht es dem Lernenden selbststeuernd tätig zu werden. Unabdingbare Voraussetzung ist, dass der Lernende die ihm gegebenen und anvertrauten Freiheitsgrade als solche zu erkennen und würdigen vermag. Danach liegt es sozusagen in der Eigenverantwortung des Lernenden, den ihm überlassenen Handlungsspielraum gewinnbringend zu nutzen. Im Zusammenhang mit der Psychologie des Wissenserwerbs tun sich einige Fragen auf. Die erste lautet: Was ist Wissen und wie steht es zur Welt? Bei der Annahme einer Kognition durch ein geschlossenes und autopoietisches Gehirn ergibt sich die Selbststeuerung und Selbstorganisation des Wissens.

Damit emergiert Wissen im Augenblick des Handelns. Wissen ist mitnichten Enkodierung oder Repräsentation. Dies dürfte nach den oben stehenden Ausführungen zur Erkenntnistheorie des Deutschen Idealismus und des Konstruktivismus verständlich sein. Dem schließt sich die Frage an, wie die Struktur von Wissen aussieht und wie es entsteht. Bei einer Analyse des Wissens muss immer seine Einbettung in den sozialen Kontext berücksichtigt und ein Gesamtbild modelliert werden. Physische, psychische und soziale Komponenten fließen ineinander über. Diese Sachverhalte wurden bereits oben angerissen. Eine weitere Frage besteht in der maximalen Förderung des Wissenserwerbs. Auch für diese Frage gibt es bereits eine Antwort. Schule und Lehrende dürfen lediglich eine Instruktion zur Förderung des Lernens geben. Auf weitere Folgerungen treffen die Stichworte Authentizität und Situiertheit, multiple Kontexte, multiple Perspektiven und sozialer Kontext zu. Um nun tatsächlich zu einer Verringerung trägen Wissens und Erhöhung der Transferfähigkeit gelangen zu können, ist die Beachtung folgender Grundannahmen nötig. Wissenskonstruktion ist von Vorwissen, den vorhandenen mentalen Strukturen und bereits bestehenden Überzeugungen abhängig. So dürfte es schwierig sein sogenannte deep cores, als kaum modifizierbarer Schnittpunkt fundamentaler, normativer und ontologischer Axiome, grundlegend zu verändern.[204] Hinsichtlich der deep cores sind cognitive maps i.S.v. Überzeugungen kaum änderbar. Wissen ist zudem vom Einzelnen konstruiert. Es besteht individuell die permanente Notwendigkeit der Verknüpfung von neuem mit altem Wissen. Bedeutungen sind sozial bedingt, weswegen mehrere Interpretationsmöglichkeiten möglich sind. Dies führt bei verschiedenen Schülern zu unterschiedlichen Lernergebnissen. Es besteht die Notwendigkeit eines Anwendungsbezugs des Gelernten. Ein solcher Anwendungsbezug besteht z.B. in einem sogenannten narrativen Anker. Bei der hier skizzierten Auffassung von Lehren und Lernen ergeben sich hohe Anforderungen an den Lernenden. Die Bedeutung metakognitiver Fähigkeiten zur Reflexion und Kontrolle des Lernhandelns ist sehr hoch. Der Lernende muss also in der Lage sein, sein Lernen und seinen Lernprozess zu reflektieren und zu kontrollieren.

Aus dem bisher Gesagten lassen sich weitere, nun noch konkretere praktische Konsequenzen zur Gestaltung konstruktivistischer Lernumgebungen folgern. Unter den Stichworten Authentizität firmiert die Einsicht, dass realistische Probleme und authentische Situationen als Rahmen und Anwendungskontext für das zu erwerbende Wissen zu generieren sind. Multiple Kontexte meint, dass der Lernende das Gelernte flexibel auf unterschiedliche Kontexte anwenden kann. Unter multiple Perspektiven versteht man die Einsicht, dass Inhalte unter variierenden Aspekten und von verschiedenen Standpunkten aus gesehen und bearbeitet werden. Der soziale Kontext rekurriert maßgeblich auf die Lernumgebung. Die Lernumgebung fördert kooperatives Lernen und gemeinsames Problemlösen in Lerngruppen. Gemeinsames Lernen heißt, dass Lernen z.B. in Form von Gruppen- oder ggf. Partnerarbeit stattfindet. (Lern-) Inhalte dürfen nicht gegen Kritik immunisiert werden. Dies ergibt sich aus der Erfordernis der größtmöglichen Freiheitsgrade des Lernenden. Zudem muss der Lernende eigene Wissenskonstruktionen, Interpretationen und Erfahrungen machen dürfen. Wie gesagt, müssen die Freiheitsgrade auch als solche erkannt werden, denn für Lernen im konstruktivistischen Sinne ist subjektiv wahrgenommene Situation und

---

[204] Vgl. zu dem Konzept des deep core P.A. Sabatier, Advocacy-Koalitionen, in: Héritierm A., (Hrsg.), Policy-Analyse. Opladen 1993, S. 116 ff.

Handlungsspielraum (muss genutzt werden!) relevant. Konstruktivistische Pädagogik erfordert immer eine Handlungsorientierung des Unterricht. Damit sind Formen des konventionellen Frontalunterrichts ausgeschlossen, bei welchen der Lehrer den Schülern in Form des Dozierens und fragend-entwickelnden Unterrichtsgesprächs Sachverhalte vermittelt. Handlungsorientierung heißt, „dass der Lehrende dem Lernenden ermöglicht, sich selbstständig einzubringen."[205] Deshalb gilt: „Wenn Lernen autopoietisch stattfindet, dann muss in organisierten Lernsituationen der Eigenkreativität von Teilnehmern möglichst viel Raum gegeben werden. Eine Ermöglichungsdidaktik [...] ist prinzipiell einer Belehrungsdidaktik vorzuziehen."[206] Bei einer Handlungsorientierung des Unterrichts kann man auch am ehesten den Befunden der empirischen Schulforschung gerecht werden, denn die Bedeutungswelt der Lernenden ist eine andere als die der Lehrer und jeder Lernende befindet ich wiederum in einer anderen Lernsituation als seine Mitlerner.[207]

Als Fazit lässt sich festhalten: Wissenserwerb ist ein konstruktiver und Lernen ein aktiver, erfahrungsbasierter Prozess. Damit stehen der Lernende und das Wissen und nicht mehr der Lehrende im Mittelpunkt. Der Konstruktivismus erklärt die Zusammenhänge, in denen das zu erwerbende Wissen funktionieren soll: "Die Kunst des Lehrens hat wenig mit der Übertragung von Wissen zu tun, ihr grundlegendes Ziel muss darin bestehen, die Kunst des Lernens auszubilden."[208] Insofern muss der Lehrende zum Kompetenzentwickler werden, d.h., dass innerhalb des Unterrichts Fach-, Methoden-, Sozial- und Personalkompetenz begleitend

---

[205] Huggenschmidt, B., Technau, A., Methoden schnell zur Hand. 66 schüler- und handlungsorientierte Unterrichtsmethoden, Stuttgart, Leipzig 2005, S. 12.
[206] Wehner, M., Das Jugendprojekt LUPO – Demokratie lustvoll erleben und lernen, in: Breit, G., Schiele, S. (Hrsg.) Demokratie-Lernen als Aufgabe der politischen Bildung. Lizenzausgabe für die Bundeszentrale für politische Bildung, Bonn 2002, S. 303.
[207] Schelle, C., Einstellungen von Schülern und Schülerinnen zu Gesellschaft, Politik und Demokratie – Hermeneutische Rekonstruktionen und Konsequenzen für die Fachdidaktik, in: Breit, G., Schiele, S. (Hrsg.) Demokratie-Lernen als Aufgabe der politischen Bildung. Lizenzausgabe für die Bundeszentrale für politische Bildung, Bonn 2002, S. 119.
[208] E. v. Glasersfeld, Radikaler Konstruktivismus. Frankfurt am Main 1997, S. 309.

entwickelt werden und der Lehrer ein Wissensanbieter ist, welcher sich als Prozesshelfer und Prozessbegleiter versteht.[209]

5. Fazit

Der Aufsatz beginnt mit der These, dass einiges an konstruktivistischem Theoriengut im pädagogisch-didaktischen Diskurs vertreten ist. Ein Beispiel dafür ist die aktuelle Bildungsreform und Bildungsplanreform. Konstruktivistische Theorien sind aber nicht immer als solche kenntlich gemacht. Schreibt sich ein Autor den Konstruktivismus auf die Fahnen, dann trifft er nicht eben selten auf vornehme Distanz oder offene Ablehnung. Dies liegt u.a. daran, dass weder wissenschaftshistorische noch wissenschaftstheoretische Reflexionen hinsichtlich des Konstruktivismus vorkommen. Problematisch ist außerdem, dass die Radikalität konstruktivistischen Gedankenguts häufig Vorstellungen von Beliebigkeit und Willkür evozieren. Diesen Desideraten versucht vorliegender Aufsatz abzuhelfen. Durch seine wissenschaftshistorischen Ausführungen leistet er einen Beitrag zur wissenschaftshistorischen Plausibilisierung und historisch-genetischen Einordnung von Theorienfamilien. Der Deutsche Idealismus, insbesondere Fichte, bedingt aber auch Schelling, sind als Wegbereiter konstruktivistischen Gedankenguts identifiziert. Spezifizierungen nehmen konstruktivistische Erkenntnistheoretiker wie Schmidt und v. Glasersfeld vor. Die mit dem konstruktivistischen Paradigma konvergierende systemtheoretisch-kybernetische Theorie der Autopoiese der chilenischen Neurobiologen Maturana und Varela eignet sich hervorragend zur Verdeutlichung und kritischen Reflexion der wissenschaftstheoretischen Implikationen der (konstruktivistisch ausgerichteten) Selbstorganisationstheorie. Nach diesen Schritten der wissenschaftshistorischen Systematisierung und Plausibilisierung und einer grundlegenden systematisch-klassifikatorischen wissenschaftstheoretischen Grundlagenreflexion können auf dieser Grundlage die konkreten Ergebnisse der konstruktivistischen Pädagogik und Didaktik erörtert werden. Die ansonsten überraschend oder auch banal anmutenden Er-

---

[209] Huggenschmidt, B., Technau, A., Methoden schnell zur Hand. 66 schüler- und handlungsorientierte Unterrichtsmethoden, Stuttgart, Leipzig 2005, S. 19.

kenntnisse kann man nunmehr folgerichtig aus dem theoretischen Rahmen ableiten. Wie auch immer man zu konstruktivistischen Theorien stehen mag, viele Ergebnisse des Konstruktivismus gelten heute als common sense, auch in der pädagogisch-didaktischen scientific community. Dazu gehört die Abwendung vom Lehrenden und Hinwendung zum Lernenden als zentralem Aspekt des Unterrichts. Autopoietisch geschlossene und strukturselektiv agierende Systeme sind nur zum Agieren fähig. Deshalb gilt z.B. Gruppenarbeit heute als probates Mittel für den schulischen Unterricht.

V. Power-Point-Präsentation: Pädagogik – Quo vadis?

Pädagogik – Quo Vadis?

Konstruktivistische Pädagogik – Von der Input- zur Outputorientierung: Der Schüler als Handlungssubjekt

Pädagogik – Quo Vadis?

1. Thesen
2. Ideengeschichtliche Fundierung des Konstruktivismus
3. Kontemporäre Konstruktivismus-Theorien
4. Theorie und Praxis der konstruktivistischen Pädagogik nach Hilbert Meyer
5. Anwendungsbeispiele im Unterricht
6. Fazit
7. Publikationen zum Thema

1. Pädagogik – Quo Vadis?

- Konstruktivistische Paradigma besitzt ideengeschichtliche Fundierung im Deutschen Idealismus
- Autopoiesetheorien der 60er/70er Jahre bilden eine naturwissenschaftlich spezifizierte und scheinbar objektiv fundierte Fortschreibung der idealistischen Erkenntnistheorie
- Konstruktivistische Pädagogik greift sowohl die idealistische Erkenntnistheorie als auch die Autopoiesetheorien auf und wendet diese auf pädagogisch-didaktische Sachverhalte an

1. Pädagogik – Quo Vadis?

- Konstruktivistisches Theoriegut ist im pädagogisch-didaktischen Diskurs nach wie vor en voque
- Beispiel: Ausflüsse der neueren Bildungs- und Bildungsplanreformen
- Paradigmenwechsel: Shift von der Input- zur Outputseite
- Kompetenzen sollen erlernt werden: Schülerfokussierung
- Abwendung vom Lehrenden und Hinwendung zum Lernenden

2. Pädagogik – Quo Vadis?

- Häufig kein Hinweis auf ideengeschichtliche Fundierung des Konstruktivismus
- Vorwurf der Beliebigkeit
- Verwunderung über Inhalte konstruktivistischen Theorieguts
- Nachweis, dass Konstruktivismus ideengeschichtlich im Deutschen Idealismus begründet liegt
- V.a. Kant, Schelling und Hegel als geistige Väter

2. Pädagogik – Quo Vadis?

- Kant: „Denn wir kennen Natur nicht anders, als den Inbegriff der Erscheinungen, d.i. der Vorstellungen in uns, und können daher das Gesetz ihrer Verknüpfung nirgends anders, als von den Grundsätzen der Verknüpfung derselben in uns, d.i. den Bedingungen der notwendigen Vereinigung in unserem Bewusstsein, welche die Möglichkeit der Erfahrung ausmacht, hernehmen." (Prolegomena, S. 80)

2. Pädagogik – Quo Vadis?

- Besonders bei Fichte wird Vorläuferschaft evident
- Fichte radikalisierte Kant, indem er jegliches Dasein dem Individuum und seiner produzierenden Tätigkeit zuschrieb
- Fichte heute als immer noch radikalste Form eines philosophisch begründeten Subjektivismus

2. Pädagogik – Quo Vadis?

- Fichte: „Im Ich ist ursprünglich ein Streben die Unendlichkeit auszufüllen ... Das Ich hat in sich das Gesetz, über sich zu reflektieren, als die Unendlichkeit ausfüllend." (GdgW, S. 205)
- Fichte: „Es wird demnach hier gelehrt, dass alle Realität – es versteht sich für uns, wie es denn in einem System der Transzendentalphilosophie nicht anders verstanden werden soll – bloß durch die Einbildungskraft hervorgebracht wurde." (GdgW, S. 146)

2. Pädagogik – Quo Vadis?

- Ausgangsproblem ist die Frage, was Realität ist
- Realität ist abhängig vom Auge des Betrachters (ein und dieselbe Welt für Frosch und Menschen)
- Basisaxiom: Subjektimmanente Bestandteile produzieren subjektimmanente Relationen und umgekehrt
- Strukturselektivität der Weltperzeption ist durch subjektbedingte Weltkonstituierung gegeben
- Das Subjekt kann immer nur agieren, da jegliche Welt/Realität selbstproduziert ist

2. Pädagogik – Quo Vadis?

- Die Organisation der Menschen ist gleich, die Struktur aber verschieden
- Merkmal der Selbstorganisation zeigt sich in der Selbsterregung des Geistes
- Prof. Crocco (Argentinien): Ideengeschichtliche Fundierung im Aristotelismus und Jesuitismus
- Problem: Hier eher Orientierung an Plato (Idealismus)
- Wo findet sich dies in modernen Autopoiesetheorien?

3. Pädagogik – Quo Vadis?

- „Naturwissenschaftlich fundierte und objektive" Bestätigung der Befunde von Fichte finden sich bei den chilenischen Neurobiologen Maturana und Varela
- Ausgangspunkt ist hier die Erklärung der Entstehung von Organisation (Leben) ohne Rückgriff auf transzendente Erklärungskonstruktionen
- Menschliches Erkennen nicht als Repräsentation, sondern Hervorbringung der Welt

3. Pädagogik – Quo Vadis?

- Hinwendung zum radikalen Individualismus/Subjektivismus
- Annahme der organisationellen Geschlossenheit und Strukturdeterminiertheit bei Menschen
- Beim Menschen herrscht kognitive Autonomie
- Struktur und Organisation sind different (s.u.)

3. Pädagogik – Quo Vadis?

- Annahme der Selbstorganisation des Menschen
- Autopoiesetheorien à la Maturana/Varela und die deutsche soziologische Adaption von Luhmann stehen der konstruktivistischen Pädagogik und Didaktik Pate
- Was bedeutet das für diese Konzepte?

3. Pädagogik – Quo Vadis?

- Maturana/Varela: „Unser Vorschlag ist, dass Lebewesen sich dadurch charakterisieren, dass sie sich buchstäblich – andauernd selbst erzeugen." (BdE, S. 50)
- Maturana/Varela: Unter Organisation sind die Relationen zu verstehen, die zwischen den Bestandteilen von etwas gegeben sein müssen, damit es als Mitglied einer bestimmten Klasse erkannt wird." (BdE, S. 54)

3. Pädagogik – Quo Vadis?

- Maturana/Varela: „Unter der Struktur von etwas werden die Bestandteile verstanden, die in konkreter Weise eine bestimmte Einheit konstituieren und ihre Organisation verwirklichen." (BdE, S. 54)
- Maturana/Varela: „Ein Lebewesen ist durch seine autopoietische Organisation charakterisiert. Verschiedene Lebewesen unterscheiden sich durch verschiedene Strukturen, sie sind aber in Bezug auf ihre Organisation gleich." (BdE, S. 55)

3. Pädagogik – Quo Vadis?

- Ersetzung der Fremdsteuerung durch reflexive Selbststeuerung
- Steuerung des Lehrers als Steuerung zur Selbststeuerung des Schülers
- Funktion des Lehrers in der Impuls-Gebung als Initialpunkt zur Selbststeuerung
- Notwendigkeit möglichst hoher Freiheitsgrade für den Lernenden
- Autonomie ermöglicht die Selbststeuerung

3. Pädagogik – Quo Vadis?

- Der Lernende muss Freiheit erkennen und diese würdigen
- Annahme eines autopoietischen Gehirns führt zur Selbststeuerung und Selbstorganisation des Wissens
- Wissen emergiert im Augenblick des Handelns
- Wissen ist also nicht Enkodierung oder Repräsentation
- Wissen ist aber in soziale Kontexte eingebettet

3. Pädagogik – Quo Vadis?

- Physische, psychische und soziale Komponenten fließen ineinander über
- Schule und Lehrer lediglich als Instruktion zur Förderung des Lernens
- Verringerung trägen Wissens und Erhöhung Transferwissen
- Anwendungsbezug des Gelernten verstärken

3. Pädagogik – Quo Vadis?

- Notwendigkeit, dass der Lernende sein Lernen reflektiert und kontrolliert
- Authentizität: Realistische Probleme und authentische Situationen
- Multiple Kontexte: Anwendung des Gelernten auf verschiedene Kontexte
- Multiple Perspektiven: Inhalte werden unter variierenden Aspekten und verschiedenen Standpunkten aus gesehen

3. Pädagogik – Quo Vadis?

- Soziale Kontexte: Lernumgebung sollte kooperatives Lernen fördern (PA, GA)
- Keine Immunisierung der Lerninhalte
- Lernende sollte eigene Interpretationen und Wissenskonstruktionen machen dürfen
- Erfordernis einer Handlungsorientierung
- Abwendung vom Frontalunterricht und fragend-entwickelndes Unterrichtsgespräch

4. Pädagogik – Quo Vadis?

- Hilbert Meyer eignet sich, da er prominent und fundiert ist und meiner These zustimmt, dass die ideengeschichtliche Fundierung im Deutschen Idealismus zu suchen ist (Betonung eher auf Kant)
- Credo konstruktivistischer Pädagogik und Didaktik: Schüler- und Handlungsorientierung
- Unterricht wird dadurch besser, effektiver und ganzheitlicher

4. Pädagogik – Quo Vadis?

- Handlungsorientierter Unterricht als ganzheitlich und schüleraktiv
- Zwischen Schüler und Lehrer vereinbarten Handlungsprodukte leiten die Organisation des Unterrichtsprozesses
- Kopf- und „Handarbeit" werden in ausgewogenes Verhältnis gebracht

4. Pädagogik – Quo Vadis?

- Objektive und subjektive Bedürfnisse der Schüler werden befriedigt
- Lehrer müssen sich mit dem von ihnen gestalteten Unterricht identifizieren
- Dialektischer Zusammenhang zwischen Zielen, Inhalten, Methoden und Organisationsbedingungen
- Ziele in der Schulrealität sind konfligierend und können nur partiell realisiert werden

4. Pädagogik – Quo Vadis?

- Institutionellen Rahmenbedingungen des Unterrichts müssen verbessert werden
- Ergänzung der Schüler- durch die Lehrerorientierung
- Auch Lehrer sind autopoietische, selbstreferentielle Systeme mit dem Merkmal der Strukturselektivität

4. Pädagogik – Quo Vadis?

- 1. Selektion des Arbeitsthemas
- 2. Vorbereitungsphase: Fachwissenschaft, Curricula, organisatorische Bedingungen, Lernvoraussetzungen, Interessen
- Formulierung Lehr- und Handlungsziele (Schüler)
- 3. Einstiegsphase: Handlungsbezogener Unterrichtseinstieg

4. Pädagogik – Quo Vadis?

- 4. Vereinbarung mit den Schülern von Handlungsergebnissen
- 5. Erarbeitungsphase: a) Arbeit in Gruppen (Planung, Materialbeschaffung ...) b) Erledigen der Arbeitsschritte (Einübung, Produktion, Dokumentation ...)
- 6. Auswertungsphase: Präsentation, Analyse und Dokumentation der Ergebnisse
- (7. Ergänzung zu Meyer: Üben/Transfer i.S.v. Nachhaltigkeit: Anwendung des Erlernten)

4. Pädagogik – Quo Vadis?

- Lernen ist immer ganzheitlich, d.h. mit Kopf, Herz, Händen und allen Sinnen
- Lernen und Handeln sind eng miteinander verknüpft (waren ursprünglich eins)
- Selbstständiges Handeln als gesellschaftspolitisches Desiderat
- Handlungsorientierung entspricht der Komplexität der lebensweltlichen Zusammenhänge

4. Pädagogik – Quo Vadis?

- 1. Schüler identifizieren sich bei hohem Involvierungsgrad mit Unterricht
- 2. Schüler lernen besser und behalten das Gelernte
- 3. Erforderliche Kommunikation zwischen Lehrer und Schüler als treibende Kraft für die Gestaltung des Unterrichtsablaufs
- 4. Förderung der Methodenkompetenz

4. Pädagogik – Quo Vadis?

- 5. Lenkung von (un-) produktiven Nebentätigkeiten in konstruktive Bahnen
- 6. Fremdbestimmung der Leistungskontrolle wird verringert
- 7. Optimierung von demokratischer Kritik und Kontrolle der Unterrichtsarbeit

4. Pädagogik – Quo Vadis?

- Kritik:
- 1. Hoher persönlicher Einsatz von Lehrern wie Schülern nötig
- 2. Schwierig „roten Faden" zu finden, da Unterrichtsprozess aus dem Handlungsprodukt resultiert
- 3. Konzepte könnten neue Unruhe und Unordnung in die Schulen bringen
- 4. Schlechte Bedingungen der organisatorisch-institutionellen und curricularen Voraussetzungen

Pädagogik – Quo Vadis?

- 5. Fachdidaktische Fixierung der Lehrer behindert handlungsorientierten Unterricht
- 6. Normorientierte Leistungsbewertung wird schwerer

5. Pädagogik – Quo Vadis?

- Beispiel Historische Projektarbeit:
- Problemwahrnehmung: Bedeutung des Marshall-Plans für europäisch-deutsche Geschichte?
- Hypothesenbildung und kooperative Verlaufsplanung: Marshall-Plan hat Demokratie und Westorientierung gefördert, aber Teilung Europas vorangetrieben
- Arbeitsteilige Untersuchung: a) amerikanische b) russische c) europäische Sichtweise d) Gründe e) Auswirkungen f) Bedeutsamkeit für heute

5. Pädagogik – Quo Vadis?

- Gruppenberichte
- Überprüfung der Thesen im Plenum
- Problemdiskussion

6. Pädagogik – Quo Vadis?

- Wissenschaftshistorische Systematisierung und Plausibilisierung nun gewährleistet
- Systematisch-klassifikatorisch wissenschaftstheoretische Grundlagenreflexion jetzt gegeben
- Schließung einiger Desiderate ermöglicht
- Fragen der praktischen Auswirkung?

6. Pädagogik – Quo Vadis?

- Wie viel konstruktivistische Pädagogik und Didaktik verträgt der Schulalltag?
- Welche Rahmenbedingungen müssen geändert werden, um optimalere Voraussetzungen zu schaffen?
- Ist nicht ein pragmatischer Methodenmix auch heute noch am praktikabelsten und sinnvollsten?

7. Pädagogik – Quo Vadis?

- Hilbert Meyer (2006):Unterrichtsmethoden I. Theorieband. Berlin
- Hilbert Meyer (2005): Unterrichtsmethoden II. Praxisband. Berlin
- Hilbert Meyer (2007): Was ist guter Unterricht? Berlin
- Stefan Schweizer (2003): Politische Steuerung selbstorganisierter Netzwerke. Baden-Baden
- Pia-Johanna Schweizer/Stefan Schweizer (2006): Idealistisch geprägte Axiomatik des Selbstorganisationsparadigmas. In: Berichte zur Wissenschaftsgeschichte 29, S. 309-323
- Stefan Schweizer (2007a): Deutscher Idealismus, Autopoiese und Radikaler Konstruktivismus. In: Electroneurobiologia vol. 15 (1). Buenos Aires, S. 3-62